高校数字思政精品项目（0080605502012）

教育数字化转型研究与实践

主　编◎丁雪峰　殷　婕　郭　真
副主编◎段　磊　黎　生　崔亚强　李勇军

四川大学出版社

图书在版编目（CIP）数据

教育数字化转型研究与实践 / 丁雪峰，殷婕，郭真主编. — 成都：四川大学出版社，2024.1
（信息科学与技术丛书）
ISBN 978-7-5690-6700-2

Ⅰ. ①教… Ⅱ. ①丁… ②殷… ③郭… Ⅲ. ①数字技术－应用－教育研究 Ⅳ. ①G43

中国国家版本馆 CIP 数据核字（2024）第 017666 号

书　　名：教育数字化转型研究与实践
　　　　　Jiaoyu Shuzihua Zhuanxing Yanjiu yu Shijian
主　　编：丁雪峰　殷　婕　郭　真
丛　书　名：信息科学与技术丛书

丛书策划：蒋　玙
选题策划：蒋　玙　曾益峰
责任编辑：蒋　玙
责任校对：周维彬
装帧设计：墨创文化
责任印制：王　炜

出版发行：四川大学出版社有限责任公司
　　　　　地　址：成都市一环路南一段24号（610065）
　　　　　电　话：（028）85408311（发行部）、85400276（总编室）
　　　　　电子邮箱：scupress@vip.163.com
　　　　　网　址：https://press.scu.edu.cn
印前制作：四川胜翔数码印务设计有限公司
印刷装订：四川煤田地质制图印务有限责任公司

成品尺寸：170 mm×240 mm
印　　张：13.25
字　　数：253 千字

版　　次：2024年1月 第1版
印　　次：2024年1月 第1次印刷
定　　价：62.00元

本社图书如有印装质量问题，请联系发行部调换

版权所有 ◆ 侵权必究

目 录

第1章 教育数字化转型 ……………………………………………（ 1 ）
  1.1 教育数字化 ……………………………………………………（ 1 ）
  1.2 高校数字化建设历程 …………………………………………（ 3 ）
  1.3 高校数字化建设现状 …………………………………………（ 4 ）
  1.4 关键技术 ………………………………………………………（ 7 ）

第2章 数据中台 ……………………………………………………（ 13 ）
  2.1 数据中台的概念 ………………………………………………（ 13 ）
  2.2 数据中台发展历程 ……………………………………………（ 19 ）
  2.3 高校数据中台现状分析 ………………………………………（ 19 ）
  2.4 数据中台建设情况 ……………………………………………（ 21 ）

第3章 数据确权 ……………………………………………………（ 23 ）
  3.1 数据域和部门分类 ……………………………………………（ 24 ）
  3.2 采集数据权限目录 ……………………………………………（ 26 ）
  3.3 用户角色及权限体系 …………………………………………（ 27 ）
  3.4 数据申请 ………………………………………………………（ 28 ）
  3.5 字段采集及更新 ………………………………………………（ 29 ）

第4章 数据采集 ……………………………………………………（ 31 ）
  4.1 数据采集架构 …………………………………………………（ 31 ）
  4.2 数据采集管理规定 ……………………………………………（ 33 ）
  4.3 数据接入控制及变更通知机制 ………………………………（ 33 ）
  4.4 数据采集范围 …………………………………………………（ 35 ）
  4.5 数据采集方式 …………………………………………………（ 37 ）
  4.6 数据采集的安全性 ……………………………………………（ 57 ）

第5章 数据治理 ……………………………………………………（ 58 ）
  5.1 数据治理目标 …………………………………………………（ 58 ）

1

5.2 数据治理原则 …………………………………………（59）
5.3 数据治理规范 …………………………………………（60）
5.4 主数据治理 ……………………………………………（67）

第6章 数据质量管理 …………………………………………（102）
6.1 数据质量管理的必要性 ………………………………（103）
6.2 数据质量管理架构 ……………………………………（104）
6.3 单表校验 ………………………………………………（105）
6.4 多表校验 ………………………………………………（113）

第7章 高校数据资产管理 ……………………………………（119）
7.1 数据资产概念 …………………………………………（119）
7.2 数据资产规划 …………………………………………（120）
7.3 数据资产平台管理 ……………………………………（121）

第8章 数据标签 ………………………………………………（135）
8.1 功能模块 ………………………………………………（135）
8.2 标签建模与管理 ………………………………………（136）
8.3 标签圈群与分析 ………………………………………（139）
8.4 标签数据安全服务 ……………………………………（140）
8.5 用户全景画像 …………………………………………（140）
8.6 用户群组管理 …………………………………………（140）
8.7 用户个性化推荐 ………………………………………（141）

第9章 数据服务 ………………………………………………（142）
9.1 API 概览 ………………………………………………（142）
9.2 API 市场 ………………………………………………（143）
9.3 API 管理 ………………………………………………（143）

第10章 数据中台管理制度 …………………………………（153）
10.1 总则 …………………………………………………（153）
10.2 数据安全 ……………………………………………（153）
10.3 数据接入 ……………………………………………（154）
10.4 数据管理 ……………………………………………（154）
10.5 数据服务 ……………………………………………（155）

目 录

第 11 章　数据安全管理 …………………………………………………… (156)
　11.1　系统安全 …………………………………………………………… (156)
　11.2　数据安全 …………………………………………………………… (157)
　11.3　安全审计 …………………………………………………………… (166)

第 12 章　数据可视化 ……………………………………………………… (168)
　12.1　基本校情 …………………………………………………………… (169)
　12.2　人才培养 …………………………………………………………… (178)
　12.3　校园管理 …………………………………………………………… (181)
　12.4　学科状态 …………………………………………………………… (187)
　12.5　网络舆情 …………………………………………………………… (189)

第 13 章　自动化办公 ……………………………………………………… (195)
　13.1　数据采集 …………………………………………………………… (195)
　13.2　数据赋能 …………………………………………………………… (198)

参考文献 …………………………………………………………………… (203)

第1章　教育数字化转型

1.1　教育数字化

数字化是指利用新数字技术对企事业单位、政府等各类组织的业务模式、运营方式进行系统化、整体性的赋能和重塑变革。

教育数字化是指学校和教育管理部门通过信息化手段对各种信息资源进行有效集成、整合和充分利用，实现教育教学和校务管理过程的优化、协调，实现教学过程与学习过程的优化，营造一个优良的教学、学习及生活环境，达到提高学校教学质量、科研水平、管理水平的目的。如图 1.1 所示，教育数字化包含智慧教学和智慧校园两个部分，所采用的新信息技术涵盖云计算、大数据和人工智能等。本书着重讲述智慧校园管理场景下的教育数字化研究和实践。

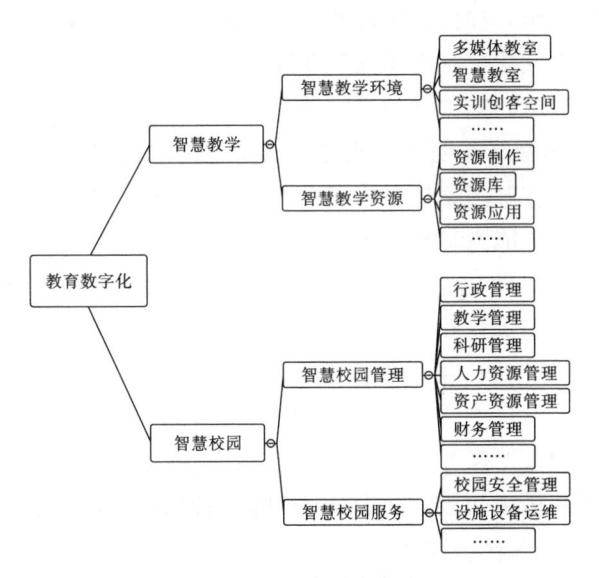

图 1.1　教育数字化框架

教育数字化推动教育信息化，教育信息化引领教育现代化。2015年，国务院印发《统筹推进世界一流大学和一流学科建设总体方案》，明确提出推动一批高水平大学和学科进入世界一流行列或前列，加快高等教育治理体系和治理能力现代化，提高高等学校人才培养、科学研究、社会服务和文化传承创新水平。围绕教育现代化和"双一流"建设的总要求，高校必须将智慧校园信息化建设作为各项事业发展的重要引擎，从全局战略高度进行规划设计和推进。2018年4月13日，教育部印发《教育信息化2.0行动计划》；2018年6月17日，国家标准化管理委员会发布《智慧校园总体框架》；2019年2月13日，中共中央办公厅、国务院办公厅印发《加快推进教育现代化实施方案（2018—2022年）》；2019年，中共中央、国务院印发《中国教育现代化2035》。确立了应用信息技术构建引领和促进新时代教育变革的"智慧校园"是实现教育现代化目标的必经之路。

中国共产党第二十次全国代表大会首次将"推进教育数字化"写进了党的二十大报告。习近平总书记提道，教育、科技、人才是全面建设社会主义现代化国家的基础性、战略性支撑。……办好人民满意的教育……推进教育数字化，建设全民终身学习的学习型社会、学习型大国。2022年1月，全国教育工作会议上提出，以改革创新注入教育发展强大动力，深化新时代教育评价改革，激发基层和学校活力，提升依法治理水平，实施教育数字化战略行动，用好全球优质教育资源，讲好中国故事。2022年4月，新一轮"双一流"建设推进会上怀进鹏提出，加快数字转型助力，要深刻把握全球大势，坚持以教育信息化促进教育现代化，深入实施教育数字化战略行动，促进我国高等教育的理念变革、思想变革、方法变革、实践变革，形成教育、科研的中国新范式。2022年8月，中国网络文明大会提道，倍增专网之能级，全力以赴推进教育数字化转型，全面实施国家教育数字化战略行动，进一步提升国家智慧教育平台的品牌效应、服务能力和社会影响力，有效推动优质教育资源共享和终身学习。2022年9月，二十国集团（G20）教育部长会议谈道，要共同引领教育数字化转型执行力，促进优质数字教育资源共享共建，推动教育生态、学校形态、教学方式变革，合力推进教育数字化转型和绿色转型。2022年12月21日，怀进鹏在《人民日报》撰文指出，推进教育数字化是新时代加快建设教育强国的总体方向和重点任务之一。以数智化转型推动高等教育的高质量发展是新时代赋予大学的历史机遇，也是大学贯彻国家战略的应有之义。2023年1月12日，全国教育工作会议强调，统筹推进教育数字化和学习型社会、学习型大国建设。纵深推进教育数字化战略行动，重点做好大数据中台建设、数据充分赋能、有效公共服务、扩大国际合作四件事。2023年2月13日，世界数字教育大会上，怀进鹏在以"数字变革与教育未来"为题的主旨演讲中指出，"我们将深化实施教育数字化战略行动，一体推进资源数字化、管理智能化、成长个性化、学习社会化，让优质资源可复制、可传播、可分享，让大规模个性化教育成为可能，以教育数字化带动学习型社会、学习型大国建设迈出新步伐"。2023年2月17日，第23届中国国际教育年会暨展览上，怀进鹏发表视频致辞提出，全面深化数字教育合作，推动教育现代化。利用信息化手段有效扩大优质教育资源覆盖面，合作提升师生数字素养和能力，实现教育更高质量更加公平与包容的发展。

1.2 高校数字化建设历程

高校数字化始于20世纪90年代，经过30多年的探索与实践，其大致经历应用信息系统建设、数据交换与共享平台建设、面向服务与数据治理、智慧应用与战略支撑四个阶段。

如图1.2所示，高校数字化之路是从单个业务应用系统建设的校园数据化出发，逐步升级迭代至教育信息化，从而进化至高级形态的智慧校园，最终实现高校智慧化。

数据化 ⟹迭代⟹ 信息化 ⟹进化⟹ 智慧化

图1.2　高校数字化之路

智慧校园作为教育数字化的重要组成部分，是教育信息化的高级形态，为进一步实现教育现代化助力。"智慧校园"概念自提出以来，受到专家、学者的广泛关注。早期研究聚焦于探讨新技术在智慧校园建设中的作用，例如，吴颖骏强调物联网与智慧校园的结合，认为物联感知系统是智慧校园的重要组成部分，应在安全监控、平安校园管理系统、智能化学习系统、自助图书管理系统等方面构建具有感知全面、响应及时、智能综合、随需应变、高效运行等特质的学校；宓咏强调物联网和人工智能技术在智慧校园建设中的作用，认为智慧校园的建设应更多地考虑信息技术特点，突出应用和服务；蒋东兴等、徐青山等强调多种信息技术在智慧校园的综合应用，包括云计算、物联网、大数据、人工智能、社交网络、知识管理、虚拟现实、传感技术、移动通信技术等新一代信息技术。

此外，众多研究者关注智慧校园的顶层设计和建设内容。例如，王燕提出的模型从下到上依次分为感知层、网络层、数据层、应用层、服务层五个层次，辅以信息标准与规范体系、运行维护与安全体系两个保障体系，构成智慧校园总体框架；王曦将"互联网+智慧校园"的技术体系框架分为校园感知层、数据传输层、数据智能处理与存储层、支撑服务层、应用服务层、智慧应用层六个横向层次，即"六横"，同时贯穿全局的有标准与评估体系、安全保障体系，即"两纵"。2018年，国家标准化管理委员会发布《智慧校园总体框架》(GB/T 36342—2018)，提出了"四横两纵"的智慧校园总体框架，四横指基础设施层、支撑平台层、应用平台层和应用终端层，两纵指技术规范与保障措施、信息安全体系。基于智慧校园总体框架需继续细分和创新，从而不断地将智慧校园技术架构深入。

1.3　高校数字化建设现状

目前普遍认为的高校数字化目标是在云计算的基础上，在统一数据标准指导下进行规范系统开发和数据采集，多源数据融合后实现数据共享和数据服务，并运用各种数据分析、数据挖掘和AI技术为高校建设的决策分析提供有力支撑，提升高校教学、科研、管理、生活等方面的水平。

高校数字化建设离不开信息化基础设施的建设，经过多年信息化基础建设，各高校校园基础网络基本覆盖，服务器、云平台等基础设施也不断升级，高校各职能部门根据信息化规划和业务需求，逐步建设相关信息应用系统，如线上办公、财务、人事、教务、科研、学工等，有效实现数据的电子化管理。在校务管理领域，信息应用系统在提高管理效率、确保数据准确和资源共享方面发挥着重要作用。但"各自为营"的分散式建设和独立运行的"烟囱式"架构较为普遍，使"数据孤岛"遍地丛生；同时，数据标准不统一，数据结构不一致，数据存储、管理和调用体系存在差异，导致各部门信息系统之间形成了不可逾越的鸿沟。为解决这些问题，各高校将服务平台化，进一步建设统一身份认证平台，通过接口同步、中间库视图推送等方式，对重要数据进行抽取、清洗、加工、转换，将各个业务系统中的数据加载到数据中台，方便为其他业务系统提供数据服务。随着数据资产的累积和大数据应用需求的激增，数据治理成为新的聚焦点。大部分高校正探索和建设如何打通各业务系统的数据壁

· 第 1 章 教育数字化转型 ·

垒，利用数据治理建设成果提供数据服务，构建以服务为导向的"一站式"网上办事大厅，实现流程串联、优化和变革，实现流程再造，赋能智慧教学环境、智慧教学、智慧科研、智慧管理、智慧生活等"智慧校园"的建设和应用。

总之，智慧校园的建设对于高校数字化转型有着至关重要的作用和意义，而数据治理则是智慧校园建设的重中之重，数据中台的建设则为数据治理提供了有力的支撑和保障。

本书着重讲述学校数据治理之路和数据治理后的各种应用场景，为教育数字化转型提供了一条可行之路。

为了解决信息化建设中系统整合不足、数据共享不畅、服务体验不佳、设施重复建设、体制机制受限、信息安全存在风险等难点与痛点问题，学校提出如图 1.3 所示的智慧校园建设方案，并深入推进信息技术与教育教学的深度融合创新，全面赋能学校高水平的智慧校园管理和高质量的教育教学水平发展。

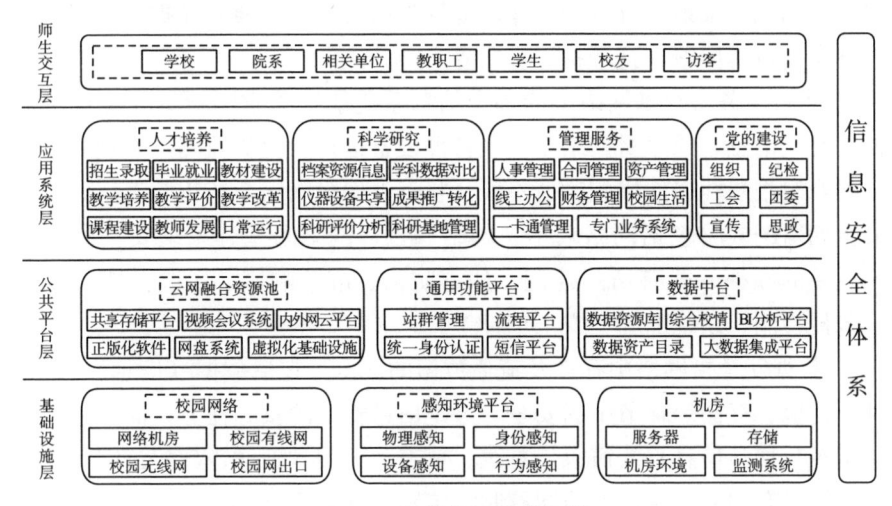

师生交互层	学校 | 院系 | 相关单位 | 教职工 | 学生 | 校友 | 访客	信
应用系统层	**人才培养**：招生录取 | 毕业就业 | 教材建设 / 教学培养 | 教学评价 | 教学改革 / 课程建设 | 教师发展 | 日常运行　　**科学研究**：档案资源信息 | 学科数据对比 / 仪器设备共享 | 成果推广转化 / 科研评价分析 | 科研基地管理　　**管理服务**：人事管理 | 合同管理 | 资产管理 / 线上办公 | 财务管理 | 校园生活 / 一卡通管理 | 专门业务系统　　**党的建设**：组织 | 纪检 / 工会 | 团委 / 宣传 | 思政	息安全体系
公共平台层	**云网融合资源池**：共享存储平台 | 视频会议系统 | 内外网云平台 / 正版化软件 | 网盘系统 | 虚拟化基础设施　　**通用功能平台**：站群管理 | 流程平台 / 统一身份认证 | 短信平台　　**数据中台**：数据资源库 | 综合校情 | BI分析平台 / 数据资产目录 | 大数据集成平台	
基础设施层	**校园网络**：网络机房 | 校园有线网 / 校园无线网 | 校园网出口　　**感知环境平台**：物理感知 | 身份感知 / 设备感知 | 行为感知　　**机房**：服务器 | 存储 / 机房环境 | 监测系统	

图 1.3 智慧校园整体框架

基础设施层是智慧化校园规划框架的硬件基础支撑，主要为全校提供网络和机房硬件等基础设施服务。其中，校园网络包括内网、外网、专网、出口等；感知环境平台是指摄像头、人脸识别等终端，主要采集学校人员活动、环境、设备的实时运行数据；机房是指机房环境、服务器、存储等。

公共平台层是智慧化校园规划框架的通用功能和数据基础支撑，主要由AI 中台、服务中台和数据中台组成，涵盖了国家标准提出的数据交换、数据处理、数据服务、支撑平台和统一接口等功能单元。

5

应用系统层是智慧化校园的主体部分，围绕学校各项工作优化并建设全方位的业务应用系统。各项业务应用系统可被分类归至四个板块：人才培养、科学研究、管理服务、党的建设。其中，人才培养板块的主要内容是教学培养、课程建设和教材建设等；科学研究板块的主要内容是为师生提供科研线上应用；管理服务板块的主要内容是学校核心的管理服务，包括人、财、物、办公等系统；党的建设板块的主要内容是党建和思想政治工作。

师生交互层是智慧化校园各业务信息系统，应用服务与师生的统一交互界面。师生交互层参照国家标准应用终端，在随时随地共享平台服务和资源的基础上，丰富了教务管理的呈现方式。

信息安全体系是智慧校园的重要组成部分，贯穿信息化所有层面，为智慧校园提供有力的安全保障，涉及物理安全、运行服务安全、数据安全、内容安全等。

① 物理安全主要包括环境安全、设备安全和媒体安全，主要涉及信息及信息系统的电磁辐射、抗恶劣工作环境等方面问题，主要的保护方式有数据和系统备份、电磁屏蔽、抗干扰、容错等。

② 运行服务安全指网络中的各个信息系统能够正常运行，并能正常地利用网络交流信息，通过对网络系统中各种设备运行状况的监测，实现对不安全因素的及时报警并采取措施改变不安全状态，保障网络系统正常运行；运行服务安全面对的威胁包括网络攻击、网络病毒、网络阻塞、系统安全漏洞利用等，主要的保护方式有访问控制、病毒防治、应急响应、风险分析、漏洞扫描、入侵检测、系统加固、安全审计等。

③ 数据安全指网络中存在及流通数据的安全，包括数据（信息）的生成、处理、传输、存储等环节中的安全，这是信息安全的核心任务；面对的威胁主要包括对数据（信息）的窃取、篡改、冒充、抵赖、破译、越权访问等；主要的保护方式有加密、认证、访问控制、鉴别、签名等。

④ 内容安全围绕非授权信息在网络上进行传播的安全，主要涉及对传播信息的有效控制；面对的威胁主要包括通过网络迅速传播有害信息、制造恶意舆论等；主要的保护方式有信息内容的监测、过滤等。

1.4 关键技术

1.4.1 云计算

20世纪90年代以来，高校的信息化经历了30多年的历程，从以网络硬件建设为核心的网络化高校到以系统构建为核心的数字高校，向着以智能化服务为主导的智慧高校的方向发展。与此相对应，高校的资料处理系统从以网络设备为主导，逐步转向计算、存储、网络设备；从网络数据的交流，逐步转向高校教学、科研和学工；从分离式数据存储、处理业务模式转变为星型业务模式，并随着数据存储服务的不断增多，高校数据中台容量逐渐增大。云数据中台构建的关键技术包括虚拟化技术、编程模型、海量数据分布存储技术和海量数据管理技术。其中，虚拟化技术包括网络技术、硬件技术、内存技术、CPU和虚拟化应用系统等，通过服务器、网络、内存等不同实体资源，将抽象的数据转化为更直观的产品，从而为云计算应用提供更多的支持。编程模型则是为了确保云计算下大量用户同时并行，可以迅速地响应并执行任务，增强用户使用体验。海量数据分布存储技术可以确保在网络中某个节点发生故障时，存储在不同位置的数据的安全性和可塑性得以保障。海量数据管理技术可以实现对数据进行分组读取和存储，从而大大提高云计算的反应能力。

高校教学资源已经达到了TB、PB等级别，传统图书馆或教学硬件存储设备已经容不下日益增长的教学资源。最为重要的是，各个高校之间的教学资源储备都不共享，导致高校之间形成了知识壁垒，而云技术从根本上解决了资源共享问题，对相关资源实现了高度集中化管理，可以在一定程度上减少管理成本。高校教学资源共享的核心在于资源整合，目的是实现高校之间的信息传递，以及高校之间的信息互相访问。在一定程度上可以提高教学资源利用率，大大减少了教学资源重复性建设，极大地利用了高校资源。因此，共享资源具有很好的现实意义和实践意义。在高校中，多媒体资源属于软件设备，很多高校课程都是依赖此设备进行教学的，在目前教育发展中，多媒体教学占比非常大，故高校教育资源就变得非常重要，而如何高效利用这些资源则更加重要。云计算的引入刚好解决了这一难题。传统的教学资源存储主要靠硬件设备，耗材很多，显得非常臃肿。云计算存储主要在云端，不仅省去了耗材费用，而且存储面积也比传统的大了很多。同时，传统的教学设备以及教学网站访问容易被黑客攻击，必须保证教学资源的稳定性和安全性，这是高校未来媒体教学发展的必然趋势。

实现随时随地满足高校的各项教育资源需求。云计算模式能满足用户随时随地接入资源需求，对终端要求很低，网络健壮性和灵活性得到了极大增强，对教育资源信息化进行了进一步加强，并降低了成本。

资源整合能力，建立统一高校存储、计算、业务服务等平台。只需一个与网络架构无关的终端设备，就可以随时访问，通过云计算模式整合后的高校教学、教务、科研、管理资源，其优势在于提高业务办理的效率和速度，同时可以满足各校资源需求，实现高校资源统一调度、集中展现、全面整合。

教育资源安全性以及可靠性。高校资源数据覆盖面广，甚至包括一些学术、教学、科研、财务等保护性敏感信息，这就对安全性提出了非同一般的高要求。云计算模式可以对这些资源进行很好的保持，安全级别很高，不会因为个体疏忽而导致重要数据丢失或损坏。

降低高校数字化教育资源综合管理成本。基于云计算高校数字化教育资源管理整合方案，可将日常软硬件设施购置、网络维护等需求集中交付给云端服务器管辖与实现，从而减少本地服务器的需求与交互，充分利用各种资源，带来附加资金投入，提升整体资源利用水平。

在平台运行过程中，需实时采集相关状态数据，对平台运行情况做到实时监督，综合内存、CPU、存储相关数据与资源分配情况来监控业务系统的动态情况，能够做到防患于未然。在超融合云平台中，本身就设置了故障监控板块，能够对系统中的操作异常、资源紧缺等故障进行实时监测并发出预警，系统还支持在线处理相关预警信息。需要注意的是，随着平台使用时间的增加，硬件问题的发生率升高，各类硬件会面临成本增加、过保等问题，因此，平台投入使用后，要重视风险防范，降低故障发生率，尤其是要通过科学的监控措施避免因电力故障、空调设备故障引发的系统安全问题。相关人员要加强巡查，若发现故障，要及时更换相关硬件，定期查杀病毒。

在超融合云平台中，如果硬件和网络出现故障，就可能会出现单点风险或集中风险。因此，在维护环节需做好风险判断，及时做出处理。高校方面需建立科学的信息共享渠道，打造一支综合素质过硬的技术人才团队，在平台发出预警后，第一时间通知技术人员，由技术人员进行检修与排查，确保超融合云平台稳定、安全地运行。还要在高校内部做好网络安全宣传工作，为高校师生普及网络与信息安全知识，提升其网络安全防范意识，增强师生的信息素养，从而有效地降低平台安全问题的发生率。

1.4.2 人工智能

1956 年，美国达特茅斯学院夏季研讨会上正式提出人工智能（Artificial Intelligence，AI），学科奠基人约翰·麦卡锡（John McCarthy）将其描述为"让机器的行为看起来像人类所表现的智能一样"。至今，人工智能已经发展成一个跨学科的领域，转化并整合来自计算机科学、统计学、心理学、神经科学、材料科学和机械工程的思想，涉及自然语言、机器学习、感官模拟、神经网络、电脑游戏、专家系统和机器人等内容。Goertzel 和 Bostrom 等根据智能水平高低对人工智能进行分类：狭义人工智能，擅长执行特定的单个任务，如下棋和天气预报；通用人工智能，具备人类的认知能力和经验理解，能应对所有一般性任务；超级人工智能，几乎所有方面都强于人类最优秀的大脑，包括创造力和社交技能。

随着人工智能概念的提出，探索性研究开始出现。20 世纪 70 年代中期，人工智能一度遭遇瓶颈，政府资助和学者兴趣直线下降。直到 20 世纪 80 年代初，围绕专家系统的智能系统曾短暂恢复活力，但限于软硬件和开发成本等原因不久便再次跌入低谷。尽管技术进展缓慢，但 1997 年，IBM"深蓝"打败国际象棋世界冠军 Garry Kasparov，迎来一次具有里程碑意义的成功。进入 21 世纪，2006 年，Geoffrey Hinton 发表在 *Science* 上的一篇论文重燃深度学习，随后算法的突破使图像识别、自然语言等技术取得惊人进展。2011 年，IBM"沃森"在美国电视智力竞赛中击败两位人类冠军。2012 年，谷歌大脑让 16000 台电脑学习 1000 万张图片后在 YouTube 视频中识别出猫。2016 年，AlphaGo 以 4∶1 的比分战胜韩国顶尖棋手李世石。2017 年，AlphaGo Zero 通过强化学习自我博弈以 100∶0 完胜 AlphaGo。

当下阶段的人工智能技术可被认为是以计算机硬件为基础，以人类编写的程序系统为载体，帮助人们完成制造、操作等工作的技术，实现了家庭生活、学校教育等各领域的应用。主要有以下积极意义：

（1）促进了高校教育教学培养规格的提升。人工智能技术的发展带动了传统生产方式与生活、工作方式的转变，教育教学在此环境中也不可避免地受到了影响。在高校教育教学中，教学信息得以指数式增加，传统教学管理工作难以承载庞大的教学信息，知识体系与知识容量难以有效适应迅速发展的需求。将人工智能技术引进管理工作中，一方面，可以丰富现有教学内容，引进专业对应行业的先进技术知识、前端技术信息等内容，体现教学活动的时代性，促使大学生可以有效满足信息社会的技能需求；另一方面，可以有效保障管理工作质量，人工智能技术的运用可以使管理工作更加高效，简化了教学管理流程，让管理人员在工作中更加公正与透明，让师生、家长等参与其中，使教学管理受到外界力量的监督，做好服务工作。另外，此技术与教学管理的有机结合，有助于促使管理人员具备良好的创新精神。在实际工作中，要想将人工智能技术更好地融入教学管理中，需要深入认识与技术相关的信息，并对实际应用有明确的方向与规划，探究智能化技术在教学与管理中的应对策略等，以此满足学生对人工智能的需求。总之，人工智能技术有助于促进高校教育教学培养规格的提升。

（2）推进了高校教育教学的管理模式优化。传统教学主要以班级授课为主，这种模式可以缩短人才培养时间，能较快完成教学任务，但缺少对学生主体地位的凸显，对学生个人成长与发展有一定影响，无法有效平衡学生个体与班级团体之间的关系。将人工智能技术引入教育体系中，既能够推动管理模式的优化，让教师结合智能数据与信息分析教学现状，调整教学内容、教学手段等，还可以推动教师向引导者、组织者的角色转变，不仅为学生提供了良好的教育服务，而且为教学管理模式的优化贡献力量。

（3）推动高校教育教学的人才培养体系的完善。高校将人工智能技术引入教学活动与教学管理工作已成为现实，教师可以通过相关技术进行课前准备、讲授课程等，学生可以通过技术进行自主学习与个性化学习等，高校可以通过技术实现人才培养体系的丰富与完善，使得高校教育教学管理更加精准和智能化，这样才能推动教育教学管理效率的提升，向社会输送更多的复合型人才。

1.4.3 大数据

数据量大、速度快、类型多、复杂性高是大数据的主要自然特征。对于各领域的数据集合，TB、PB 数据量级单位已不能满足需求，目前已开始使用 EB 和 ZB 量级进行衡量。大数据往往与人工智能、物联网等技术结合应用，对数据的实时响应要求很高。大数据的处理效率称为"1秒定律"，即可以在秒级时间内获取分析结果。以人为例，其应该具有性别、年龄、身高、体重、身份证号码、学历、家庭住址等多个属性。将数据的多维度、多层次属性应用到社会生产的各个领域，可以加速流程再造，提高生产效率；加速供需信息匹配，提高协同效率，从而创造更大的价值。由于记录工具和应用场景不同，一方面，数据结构不尽相同，呈现文字、图像、音频、视频等不同的形式；另一方面，在内容逻辑层面出现看似杂乱无章，实则有章可循的现象。与传统有形资源不同，大数据具有虚拟性、无形性的特点，无法单独存在，往往需要依赖硬件设备存储，依赖软件平台读取、操作。只有将数据存储在相应介质并通过设备显示，才能以更直观的方式被感知、度量、传输、分析与应用，数据质量的好坏、价值的高低才可能被评估。数字时代，随着国家将数据列为第五大生产要素，大数据将参与到市场的投入、管理、产出和分配的各阶段。

随着大数据技术的不断成熟，内部技术构成不断分化，从面向海量数据的存储、处理、分析等需求的核心技术，延展到数据管理、流通、安全等配套技术，逐渐形成了层次清晰、分工完备的大数据技术体系。

（1）数据基础技术应对多种数据特征产生。针对大数据数据量大、数据源异构多样、数据时效性高等特征，形成了高效完成海量异构数据存储与计算的技术需求。在这种需求下，传统集中式计算架构出现瓶颈，传统关系型数据库单机存储及计算能力有限，出现了分布式存储及分布式计算框架：面向海量结构化及非结构化数据批处理，出现了基于 Hadoop、Hive 和 Spark 生态体系的分布式批处理计算框架；面向时效性数据进行实时计算反馈的需求，出现了 Storm、Flink 及 SparkStreaming 等分布式流处理计算框架。

（2）数据管理技术提升数据质量与可用性。相对基本与急迫的数据存储、计算需求在一定程度上得到满足后，如何进行数据管理与沉淀成为主要需求。高校内部大量数据产生链条长、复杂度高，但普遍缺乏有效管理，存在数据获取难、准确性低、实时性差、标准混乱等问题，导致数据后续使用存在众多障碍。在这种情况下，用于数据整合的数据集成技术以及用于实现一系列数据资产管理功能的数据管理技术随之出现。

（3）数据分析应用技术挖掘数据价值。为开展数据分析，挖掘数据价值，包括以 BI 工具为代表的统计分析与可视化展现技术，以及以传统机器学习、基于深度神经网络的深度学习为基础的挖掘分析建模技术纷纷涌现，支撑数据价值的挖掘，并进一步将分析结果与模型应用于实际业务场景中。

（4）数据安全流通技术助力安全合规的数据使用及共享。随着数据价值得到挖掘，数据安全问题愈发凸显，数据泄露、数据丢失、数据滥用等安全事件层出不穷，如何应对大数据时代下的数据安全威胁，在安全合规的前提下使用及共享数据成为备受瞩目的问题。访问控制、身份识别、数据加密、数据脱敏、隐私计算等数据保护技术正积极向更加适应大数据场景的方向不断发展。

综上所述，教育数字化是数字化新技术在教育场景中的应用，教育数字化转型是以云计算、人工智能、大数据为载体，以数据资源为关键要素，将数字化新技术与教育深度融合，推动教育变革创新的过程。教育数字化转型是一个历史进程，初始于数据化，以计算机、多媒体为代表的数字信息技术，将事实、信号或符号等非结构化数据转化为结构化数据并产生意义改进教学；发力于网络化，以互联网、移动互联网为代表的网络信息技术，结合云计算促进教育资源通过网络进行汇聚，实现优质资源的普及和共享；加速于智能化，以人工智能、大数据为代表的智能信息技术，促进教育过程中的数据挖掘、分析、利用和各类智能化教育服务的实现。

第 2 章　数据中台

2.1　数据中台的概念

近几年，国家强调教育智能化建设，大力推进智能教育，推动人工智能在教学、管理等方面的全流程应用，利用智能技术加快推动人才培养模式、教学方法改革，通过人工智能等技术为教育赋能的诉求愈发紧迫。数据中台的出现及其在数据融合、处理、分析和管理方面的优势，特别是在教育全息画像、教育诊断、教育预测、教育干预等方面的技术突破，使构建"教育人工智能大脑"成为可能。

数据中台是一种组织战略，连接前、后台，使前台能够快速响应业务变化，即能够有效赋能前台的数据用户，再利用后台的数据进行辅助决策。2016年，高德纳的分层应用策略报告将网络业务系统分为前台、中台、后台，中台的核心作用是提升业务系统响应能力与速度。2020年，付登坡等认为，数据中台的本质是"数据仓库＋数据服务中间件"。同年，项阳等提出，数据中台通过数据技术对海量数据进行采集、计算、存储、加工，同时统一标准和口径，生成数据资产及数据服务。随后，卜意磊等给出思路，数据中台的核心是可持续地"让数据用起来"，使数据来源于业务，反哺于业务，不断循环迭代，以促进数据的可见、可用和可运营。数据流转不仅能降低重复建设，减少"烟囱式"协作的成本，而且能实现系统发展的可持续优化迭代。教育数据中台是数据中台在教育中的应用，是为了满足教育教学的特定化需求，对教育数据进行融合、处理，使之成为可理解、可使用、可管理的数据资产，并将教育数据服务于教育体系。

教育数据中台的本质是"数据仓库＋数据服务中间件"，这也是数据中台与数据仓库的区别。数据中台不仅存储数据，而且将数据服务于教育。比如，它既可以通过分析学生行为数据支持学生画像的刻画，还可以根据教育需求提供针对性教育报告。教育数据中台既不是单纯的技术叠加，也不是技术化的大数据平台。大数据平台关心技术层面，如研发效率、大数据处理等，针对技术人员；而数据中台的核心是数据服务能力，结合实时教育需求，通过数据建模赋能教育教学。数据中台是一个不断更新的体系，在教育服务过程中，持续迭代技术、数据建模。

数据中台由技术体系、数据体系、服务体系和运营体系四个部分组成。技术体系主要实现大数据的存储、处理、管理与应用，以及支持中台的构建；数据体系是实现数据资产化的核心，使离散的数据成为可用的服务型数据；服务体系是实现数据到产品落脚的关键，通过数据的可视化，实现用户的画像刻画、管理、评价等，使数据与业务匹配；运营体系根据数据及用户需求，实现产品的更新迭代及创建。

数据中台的功能包括数据融合、数据加工、数据可视化、数据服务化。其中，数据融合回应教育数据孤岛问题，数据中台提供统一、适配的一站式数据收集标准与方法，实现教育数据的收集与转换；数据加工应对教育数据资产化，通过数据处理，打通教学、学习与学校管理等的全域数据流，以统一的数据标准和质量体系服务未来的教育；数据可视化为教育数据使用者提供可视化数据图谱；数据服务化应对数据流转问题，运用机器学习、自然语言等人工智能方法将教育数据应用于具体教育问题的解决，如学习监督与预测、学习画像分析等。总之，教育数据中台是将教育数据转变为教育生产力的机制。

如图2.1所示，数据中台应具备数据接入、数据存储与计算、数据服务三个功能。其中，数据接入可以接入各种不同类型的格式化数据，数据存储与计算可以实现离线计算、实时计算、规范与工具、数据管理、数据分层等功能，数据服务应提供各种类型的API接口为各类系统服务。规范与工具可以实现维度建模、命名规范、星型模型和指标体系等；数据管理可以进行元数据管理、数据安全管理、数据质量管理和数据资产管理；数据分层继续采用数据仓库的分层方法，将数据分为应用数据（Application Data Service，ADS）层、汇总数据（Data Warehouse Service，DWS）层、明细数据（Data Warehouse Detail，DWD）层、操作数据（Operational Data Store，ODS）层。

·第 2 章 数据中台·

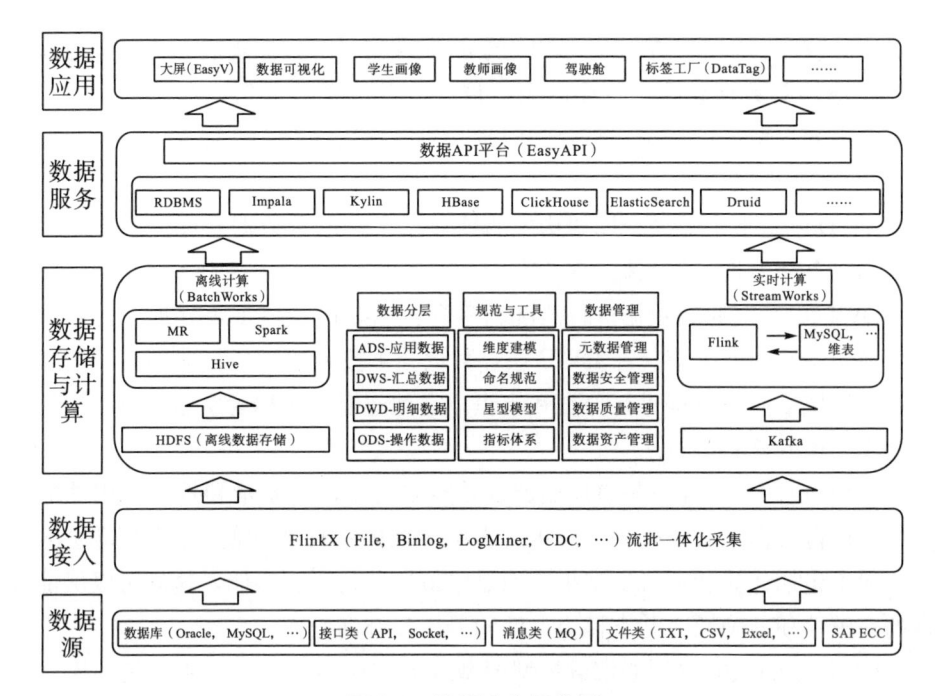

图 2.1 数据中台架构图

（1）ODS 层。

ODS 层通常包含多个数据源，包括学校内部的各种业务系统、外部的数据供应商、第三方数据服务等。这些数据源通常具有不同的数据格式、结构、语义和质量，因此需要进行一系列的数据处理和转换，使其能够被有效地集成到数据仓库中。

ODS 层的数据处理主要包括以下几个方面：

①数据抽取。从各个数据源中抽取数据，包括全量抽取和增量抽取等方式。

②数据清洗。对抽取到的数据进行清洗和去重，确保数据的一致性和准确性。

③数据集成。将清洗后的数据进行整合和集成，以生成一个一致、可信的、实时的数据集。

④数据同步。将 ODS 层的数据同步到下一层，即 DWD 层，以供后续数据处理和分析。

ODS 层的数据模型通常是基于源系统中的数据模型进行设计的，其主要目的是将不同数据源中的数据整合到一个统一的数据集中，并尽量保证数据的质量和可用性。ODS 层的数据通常是面向业务过程和业务事件的，包含大量

15

原始业务数据和事件流数据，可以为学校提供实时的数据集成和分析能力。

ODS层是数据仓库架构中的第一层，主要负责数据集成和整合，将多个数据源中的数据进行清洗、整合和同步，为后续数据仓库处理提供原始数据。

（2）DWD层。

DWD层是整个数据仓库架构中的核心层次，也是数据仓库的基础层，它主要用于存储处理过的数据。

DWD层是对原始数据进行清洗、整合、标准化和去重等处理，将数据转化为面向主题的数据集。在DWD层，数据会被按照主题进行建模，即按照不同业务领域或业务流程进行分类和组织。这种建模方法称为主题建模，它是数据仓库架构的核心特点之一。

DWD层的主要任务是将原始数据转换成具有较高质量和较高复用性的数据集，使得数据在后续处理和分析过程中更加容易理解和使用。DWD层的数据一般不包括计算和汇总的结果，而是以最原始的形式存储，这样可以保证数据的完整性和准确性，并支持更灵活的分析和查询操作。

DWD层的数据模型通常以星型模型或雪花模型为主，其中，星型模型包括一个中心的事实表和多个维度表，每个维度表代表一个业务维度，包含相关属性和描述信息，事实表则包含与这些业务维度相关的度量值；雪花模型是在星型模型的基础上对一些维度表进行进一步的规范化，使数据更加清晰和精细。

DWD层的数据来源包括多个数据源，如传感器、设备、应用程序、数据采集系统等。在数据提取、转换和加载（Extract－Transform－Load，ETL）过程中，数据会经过多次转换和清洗操作，以保证数据的质量和完整性，如数据清洗、数据标准化、数据合并、数据分割、数据重构等。

DWD层是数据仓库架构中最重要的层次之一，它将原始数据转化为具有高质量和高复用性的数据集，为数据分析、查询和应用提供强有力的支持。

（3）DWS层。

DWS层是在DWD层的基础上进一步处理数据，提供更加灵活、高效、可扩展的数据查询和分析服务。

DWS层的主要任务是对DWD层的数据进行加工、聚合、计算和汇总，以满足各种业务需求和分析场景。在DWS层，数据模型以业务应用为中心，根据业务流程和业务需求进行建模，以支持各种复杂的查询和分析操作。

与DWD层相比，DWS层的数据模型更加灵活和多样化，可以采用星型模型、雪花模型、多维模型、标签模型等多种建模方式，以满足各种业务需求和分析场景。此外，DWS层的数据通常是预处理后的聚合数据，包括各种汇总指标、计算结果、模型输出等，以支持更快速、高效的查询和分析操作。

DWS层的数据处理主要包括以下几个方面：

①数据加工和清洗。对DWD层的数据进行进一步加工和清洗，包括数据清洗、数据转换、数据格式化、数据归一化等，以确保数据质量和准确性。

②数据聚合和计算。对DWD层的数据进行聚合和计算，生成各种汇总指标、计算结果和模型输出，以支持各种业务分析和决策需求。

③数据存储和管理。将处理后的数据存储到DWS层的数据库中，并进行管理和维护，以确保数据的安全性、可靠性和可用性。

④数据访问和服务。提供各种数据查询和分析服务，包括OLAP分析、数据挖掘、报表生成、可视化等，以支持各种业务需求和决策场景。

DWS层是数据仓库架构中重要的一层，它为业务分析和决策提供了强有力的支持，能够提供高效、灵活、可扩展的数据查询和分析服务，为企业的业务决策提供有力的支撑。

（4）ADS层。

ADS层是数据仓库中的最上层，它是基于DWS层数据进行二次加工和业务应用开发的层级。ADS层通常是面向特定的业务场景和业务需求进行建模和开发，提供各种业务分析、报表、可视化和决策支持等服务。

ADS层的主要任务是将DWS层的数据进行业务化加工和转换，以生成各种针对具体业务需求的洞察和分析结果。此外，ADS层还负责提供各种业务应用和服务，包括数据可视化、报表生成、数据挖掘、预测建模、决策支持等，以支持企业的各种业务需求和决策场景。

与DWS层相比，ADS层的数据模型更加业务化和定制化，通常基于具体的业务场景和业务需求进行建模和开发，以支持各种复杂的分析和决策操作。在ADS层，数据通常以应用为中心进行组织和管理，以支持各种复杂的业务场景和分析需求。

ADS层的数据处理主要包括以下几个方面：

①数据加工和转换。将DWS层的数据进行业务化加工和转换，包括数据清洗、数据抽取、数据加工、数据集成、数据转换等，以满足具体的业务需求和场景。

②数据建模和开发。基于具体业务需求进行数据建模和开发，包括模型设计、数据架构、应用开发、服务开发等，以支持各种业务分析和决策需求。

③数据存储和管理。将处理后的数据存储到ADS层的数据库中，并进行

管理和维护，以确保数据的安全性、可靠性和可用性。

④数据分析和服务。提供各种数据分析和服务，包括OLAP分析、数据挖掘、报表生成、可视化等，以支持各种业务需求和决策场景。

ADS层是数据仓库架构中最上一层，它是数据仓库的最终输出，能够提供针对具体业务场景和业务需求的各种分析和决策支持。ADS层通过二次加工和业务应用开发，将数据转化为有价值的信息和智能洞察，为企业的业务决策提供有力的支持。

数据中台分层目的主要有以下几点：

（1）清晰数据结构。每一个数据分层都有对应的作用域，在使用数据时能更方便地定位和理解。

（2）数据血缘追踪。提供给业务人员或下游系统的数据服务都是目标数据，目标数据的数据来源一般都是多张表数据。若出现目标数据异常，清晰的血缘关系可以快速定位问题所在。同时，血缘管理也是元数据管理重要的一部分。

（3）减少重复开发。数据的逐层加工原则，下层包含上层数据加工所需要的全量数据，这样的加工方式避免了每个数据开发人员都重新从源系统抽取数据进行加工。

（4）数据关系条理化。源系统间存在复杂的数据关系，例如，教职工信息同时存在于核心系统（如人事系统、财务系统、教职工管理系统），取数时该如何决策呢？数据仓库会对相同主题的数据进行统一建模，把复杂的数据关系梳理成条理清晰的数据模型，使用时就可避免上述问题。

（5）屏蔽原始数据的影响。数据的逐层加工原则，上层的数据都由下一层的数据加工获取，不允许跳级取数。而原始数据位于数仓的最底层，离应用层数据还有多层的数据加工，所以加工应用层数据的过程中就会把原始数据的变更消除掉，保持应用层的稳定性。

（6）统一数据口径。通过数据分层，提供统一的数据出口，统一输出口径。

2.2 数据中台发展历程

中台概念在中国科技界最早萌芽于阿里巴巴公司，其灵感源于芬兰游戏公司Supercell。这家公司拥有一个强大的技术平台来支持众多小团队进行游戏研发，各团队可以专注创新，不用担心基础且至关重要的技术支撑问题。将这种类似思维应用到企业中，就需要构建一个资源整合和能力沉淀的平台，对不同部门进行总协调和支持，"中台"应运而生。

数据中台是一个体系，也是一种解决方案，可以被定义为一个集数据采集、融合、清洗治理、组织管理、智能分析为一体，将数据以服务方式提供给前台应用，以提升业务运行效率、持续促进业务创新为目标的整体平台。数据中台的概念最早由阿里巴巴公司于2015年提出，2018年，各大互联网公司纷纷提出中台战略，随之进行组织架构的调整，将"中台"的概念推向了高潮。

数据中台的发展分为四个阶段：第一阶段是数据库阶段，即单一业务系统使用单一数据库；第二阶段为了适应处理分析报表的需求，进入数据仓库阶段；第三阶段为了解决报表和BI的需求，数据平台阶段应运而生；第四阶段为解决系统对接等问题，就需要实现数据中台的各种功能。

2.3 高校数据中台现状分析

国内对数据中台的研究与应用日趋成熟，已在互联网、金融、电力、媒体等行业得到广泛应用。高校由于受到自身场景特殊性的限制，应用案例相对较少，但也取得了一定成果，如西安电子科技大学数据开放平台、南京理工大学大数据分析平台等。高等职业院校起步较晚，但是发展迅猛，特别是自2018年推进整改工作以来，基本都已完成数据融合平台和大数据分析平台建设，形成了较为科学、规范的数据标准体系，实现了数据的初步治理与沉淀，构建了数据仓库和共享数据中台，初步具备了数据中台的规模。目前，高校在数据治理、管理方面展开很多创新实践。有不少高校已开始或计划搭建数据中台，为学校数据服务发挥积极作用，其中有不少思路和亮点值得借鉴。

上海外国语大学数据中台由校方大数据项目团队自主进行整体架构设计，在综合权衡学校的数据规模和应用需求后，采用开源和自主开发相结合的方式进行建设。这样的设计，既考虑到系统功能的持续扩展性，又防止系统由于过度依赖厂商或太过封闭造成今后的持续开发风险。

南京理工大学设计了集"发布、申请、管控、监测"为一体的数据中台。其中，"统一发布中心"面向各平台和系统提供统一的数据出口方式，可快速实现数据共享接口的发布；"统一申请中心"开放校内数据资源目录；"统一管控中心"将数据申请做可视化处理，保障学校对数据的自主可控；"统一监测中心"对于数据运行情况实现全链路监测，改变以往数据交换的"黑盒状态"。

西安电子科技大学提出"数据一个库"概念，确定数据产生唯一源，全面完善数据完整性和更新及时性。西安电子科技大学的数据中台建设，通过全域数据采集与引入、数据治理实施体系、数据质量运营保障体系、统一数据资产管理体系、统一主题式服务体系、赋能业务并闭环迭代六大核心内容，解决了"数据一个库"难题。

北京建筑大学从结构化数据和非结构化数据两条线，做强"数据中台"。在结构化数据上，建设真正完全交换、可用的全量数据管理中心，实现数据为流程服务，用流程促进数据价值；在非结构化数据上，缩小对非结构化数据、大数据分析的差距，深入分析大数据，采集学校各类大数据，寻找大数据的价值。

西北民族大学校园数据中台作为智慧校园的核心中枢，通过数据集成、数据标准、数据治理等环节，实现学校全量数据沉淀和数据资产可视化，构建包括主数据管理平台、数据治理中心、数据共享开放平台、统一身份认证鉴权平台的校园大数据资产中心。

高校是数据产生、拥有和使用的主体，面对烦杂、异构、字段内容缺失、难以关联和分析等数据问题，进行一系列数据融合、智慧校园基础平台、大数据分析与决策系统等项目建设。采用微服务架构、纯 B/S 模式，建成一站式网上服务大厅、统一身份认证系统、主数据平台、数据交换平台 ODI、API 服务总线、大数据分析与决策系统。确定了数据源和目标，构建较为原始的集数据采集、转换、清洗治理、存储、管理、使用、展示为一体的数据中台体系，基本实现了信息标准化、服务一站化、业务流程化、数据模型化。

但是，随着智慧校园的不断推进，应用场景要求多样化、碎片化、实时化，往往需要针对某一简单场景快速上线和应用，各职能部门需要实现跨平台、跨部门协同办公，对数据的使用需求和分析决策需求越发明显。同时，移动化的普及对使用习惯的改变催生向移动化办公的转变。这些不断产生和变化的需求对智慧校园体系提出了更高的要求。反观现有数据中台体系，显然不能满足需求，平台价值没有被充分利用，存在诸多问题：①数据中台黑盒运行技术要求高，操作复杂；②数据维度缺少，只考虑数据交换，数据价值未充分利用。只有结构化数据，忽视了非结构化数据；③数据资源分散，师生重复填表。大量线下数据无法流动共享，数据来源缺乏权威；④数据质量缺乏保障，难以为领导决策提供可信的数据支撑，难以支持数据统计、分析，难以支持复杂的跨部门业务协作。

2.4 数据中台建设情况

学校数据中台始建于 2020 年 12 月，如图 2.2 所示，学校数据中台框架自数据源获取各种不同格式数据，采用全量同步、增量同步、实时接入等不同数据集成方式采集数据进入数据中台，利用分布式文件系统进行数据存储，并统一资源管理与调度，引入离线计算、批量查询、实时计算等计算引擎，实现数据治理，并对其他系统提供数据服务，同时可实现数据分析，从而为决策系统、推荐系统等提供有力数据资源支撑。

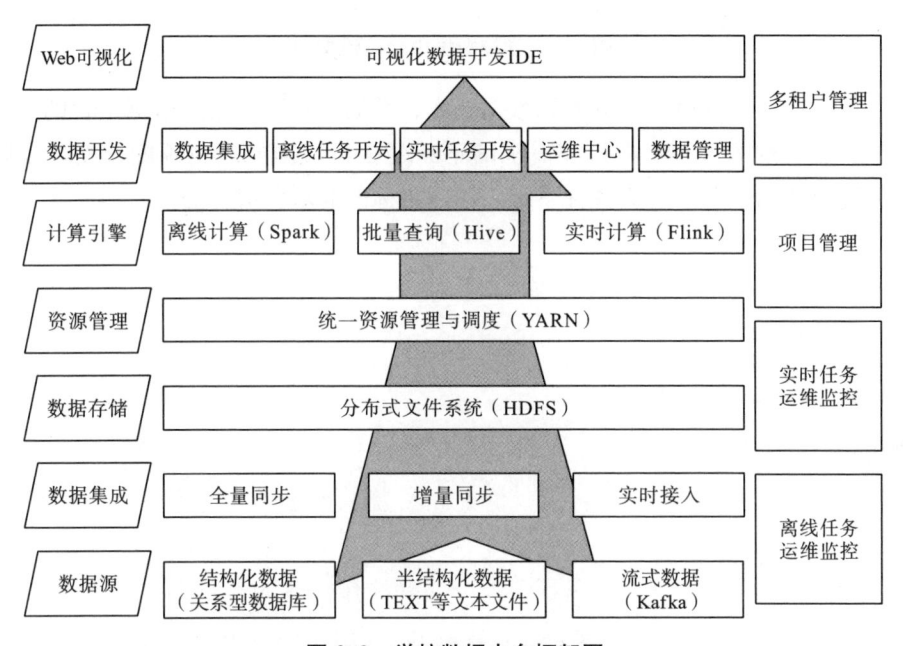

图 2.2 学校数据中台框架图

图 2.3 为学校数据中台界面，包含 8 个功能模块：离线开发、实时开发、算法开发、数据服务、数据资产、数据质量、智能标签、分析引擎。离线开发模块实现非实时场景的批式数据交换与集成；实时开发模块实现实时场景的流式数据交换与集成；算法开发模块实现数据挖掘算法开发以及算法运行；数据服务模块实现快速构建多样的数据共享服务；数据资产模块实现元数据、数据标准、数据模型管理；数据质量模块实现数据一致性和完整性校验规则管理；智能标签模块实现构建实体标签模型抽象业务过程；分析引擎模块实现秒级查

询及自主 AI 模型探索的开发与运行。

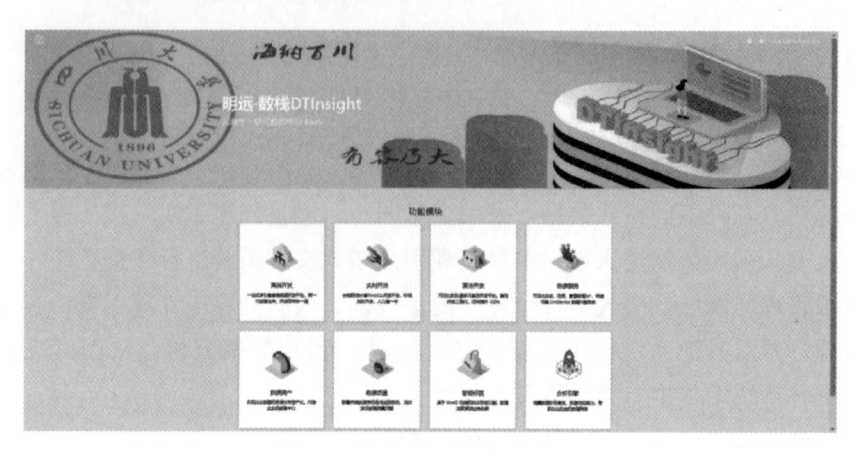

图 2.3　学校数据中台建设情况

综上所述，从单一数据库到数据仓库、数据平台，最后到数据中台的发展可知，随着技术的不断进行和需求的不断变化，数据处理也不断改变。现阶段，建设数据中台以适应各种系统、不同目标的需求已成为必然。

第3章 数据确权

所谓数据确权，就是确定数据的权利属性，主要包含两个层面：一是确定数据的权利主体，即谁对数据享有权利；二是确定权利的内容，即享有怎样的权利。从这两个层面来看，数据从产生到消亡的整个生命周期，主要涉及四类角色：数据所有者、数据生产者、数据使用者和数据管理者。而确权就是针对特定的数据资产明确定义这四类角色的过程。也就是说，不同的数据资产，其所有者、生产者、使用者和管理者可能不同。

数据所有者。即拥有或实际控制数据的组织或个人。数据所有者负责特定数据域内的数据，确保其域内的数据能够支持跨系统和业务线受到管理。数据所有者需要主导或配合数据治理委员会完成相关数据标准、数据质量规则、数据安全策略、管理流程的制定。数据所有者一般由企业的相关业务部门人员组成，根据企业发布的数据治理策略、数据标准和数据治理规则要求，执行数据标准，优化业务流程，提升数据质量，释放数据价值。在企业中，数据所有者并不是管理数据库的部门，而是生产和使用数据的主体单位。

数据管理者。不一定拥有数据的所有权，而是由数据所有者授权自行数据管理的职能。在很多传统企业，数据管理者往往隶属于数据所有者。数据管理者并不包揽所有的数据治理和管理工作，部分数据治理和管理工作需要由业务部门和IT部门共同承担。

数据生产者。即数据的提供方。对于企业，数据生产者来自人、系统和设备。例如，迎新系统负责生产学生入学前的基本信息，教务处和研究生院培养办负责生产学生学习期间学习类数据，学工部和研工部负责生产学生在校期间除学习成绩外的德、智、体、美、劳等各方面数据，人事处负责生产教职员工入职前和在职后的人事方面数据，科研院所负责生产科研人员的科研方面数据，图书馆负责生产论文、专利等方面数据。

数据使用者。即使用数据的组织或个人，如申请数据、下载数据、分析数据等。例如，人事处需要论文、科研、专利等信息时，就要使用图书馆和科研院的数据；图书馆、科研院等需要人事基本信息时，就要使用人事处的数据；

学工部和研工部需要学生的学习成绩信息时，就要使用教务处和研究生院培养办的数据。

高校所有数据的所有权都属于学校，各业务部门是数据生产者或数据使用者，数据生产者和使用者有可能是同一个部门，学校信息化管理部门是数据管理者。

数据确权是数据资产化的基础，数据要成为资产，必须要有一个明确的权属主体。从数据的管理和使用角度来看，如果没有明确的数据权属，数据的质量问题将无法溯源、无法解决。

高校数据治理的痛点之一在于各业务系统提供的数据存在冗余，使用过程中无法区分数据的主要来源单位，导致下游服务在使用数据时出现各种数据质量问题。为保证数据来源的唯一性和准确性，做到一数一源，方便业务部门申请数据，同时帮助信息化办完善中台的数据沉淀，并为下游服务系统提供准确的数据信息，就需要对所有数据进行确权。本章所指确权是指数据的采集权限，而不是数据的所有权。

3.1 数据域和部门分类

根据学校数据标准，要对数据进行采集权的确定，首先需要将数据按照数据生产部门或数据域两种模式进行数据分类，数据生产部门根据数据采集权限进行数据采集，从而生产数据，数据进入中台治理后形成不同的数据域，数据域的数据由多个业务部门提供。

图 3.1 为按照部门分类对数据进行确权，图 3.2 为其中某一个部门具备的采集数据字段的权限，一旦数据采集权限确定，则其他部门不得对该字段进行重复采集，否则会出现一数多源的情况，影响数据的准确性和可用性，例如针对手机号的采集，如果采用入职时人事处的手机号，会出现手机号变化不及时的情况，因此，在确定手机号采集权限时应由信息化管理部门采集。学校一般采用申请变更和自动变更两种情况解决，申请变更是由用户自己发起的变更模式；自动变更是在登录统一身份认证系统时，由系统自动记录变更并通过数据中台同步到其他应用系统进行自动变更。

·第 3 章 数据确权·

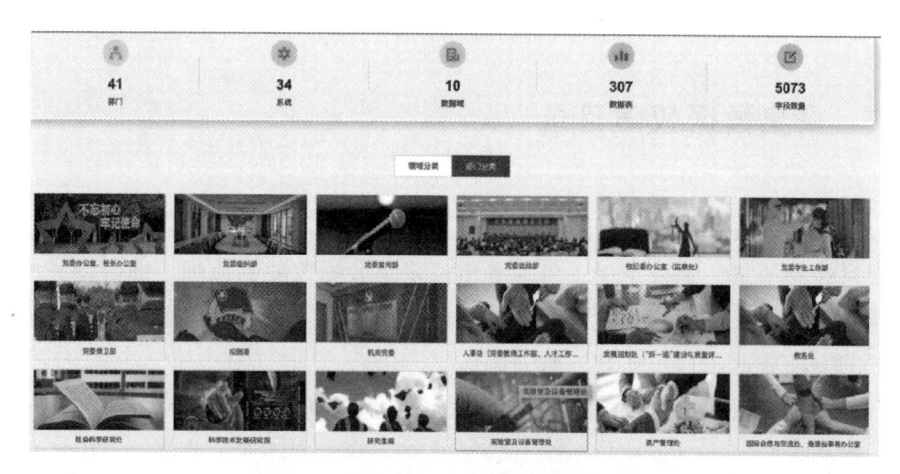

图 3.1 按照部门分类对数据进行确权

图 3.2 部门数据目录

图 3.3 为按照数据域进行数据确权。

图 3.3 按照数据域进行数据确权

25

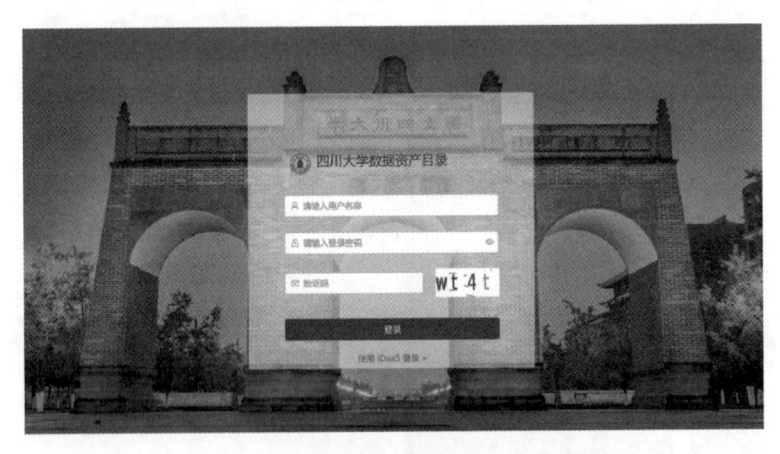

3.2 采集数据权限目录

采集数据权限目录是通过数据标准人为确定的，数据资产目录是采集数据权限目录的子集，学校定义了各业务单位采集数据权限的范围，即各业务单位所建系统只能采集权限规定范围内的字段数据，不能越权采集其他业务单位权限下的字段数据，真正实现一数一源。

采集数据权限目录系统有两种登录方式，通过单点登录和本身界面登录皆可，该系统面向各业务单位系统管理员开放，并非全体人员开放。

通过单点登录后进行跳转，主要是利于学校各院系老师保持登录及用户的唯一性，不必为多个应用保存多份访问地址及访问账户。目前，单点登录数据门户的规则设置如下：采集数据权限目录访问地址嵌入学校 OA 系统中，各业务单位系统管理员可通过 OA 系统点击链接进行跳转访问。OA 系统判断该用户是否有权限访问采集数据权限目录，若有权限，则显示链接；若登录用户无权限访问采集数据权限目录，则不显示链接。界面登录如图 3.4 所示，数据门户不对跳转用户做验证，根据跳转时的参数进行相应访问判断。界面登录功能主要提供给非学校人员使用，包括采集数据权限目录开发商、采集数据权限系统管理员、第三方服务公司以及其他有访问采集数据权限目录需求的人员。

图 3.4 "采集数据权限目录"登录界面

3.3 用户角色及权限体系

3.3.1 权限说明

采集数据权限目录角色分为两类：系统管理员、部门管理员。系统管理员集合了采集数据权限目录用户管理、权限管理、数据管理等多重角色身份，是采集数据权限目录中唯一有权限登录后台操作的用户角色，具有的权限包括创建用户、创建部门、采集数据、同步数据、数据总览等。用户权限如图 3.5 所示。

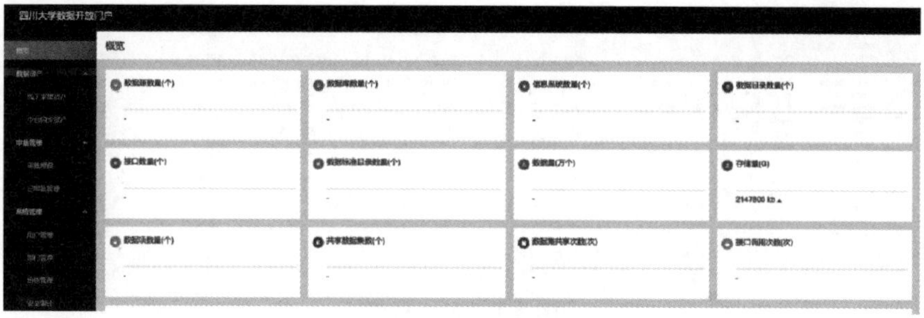

图 3.5 用户权限

部门管理员是采集数据权限目录的使用方，即数据使用者。该角色包括各学院及部门的系统管理人员、第三方数据开发人员及其他有采集数据权限目录查看与使用申请需求的人员。该类人员可以登录数据资产目录前台页面，查看采集数据权限目录的情况，并提交数据使用申请。

3.3.2 新建采集数据权限目录系统用户

在采集数据权限目录系统管理后台，可以由系统管理员创建新用户。系统管理员可对部门管理员和二审等进行管理授权。如果需要对第三方公司人员创建采集数据权限目录的只读和申请权限，则可将用户公司设定为部门名称，将该用户归属于公司下，且授权部门管理员权限。

3.4 数据申请

第一步：数据检索。在数据采集权限目录的首页可通过数据域或部门分类跳转至数据资源页面。如图 3.6 所示，在数据资源页面可以通过搜索对字段名、数据项中文名、数据项注释、表名等进行全局检索，也可以选定部门或选定数据域进行局部检索。

图 3.6　数据检索

第二步：数据预申请。参照淘宝购物模式设计了数据预申请，如图 3.7 所示，将检索到的数据字段添加到数据预申请栏，待所有需要的数据字段选择完成后统一提交数据申请。

图 3.7　数据预申请

·第3章 数据确权·

第三步：数据申请。如图 3.8 所示，提交数据申请。

图 3.8 提交数据申请

第四步：审批。用户点击"提交申请"后，采集数据权限目录系统会将勾选的字段信息通过接口传递到 OA 系统，通过 OA 审批流进行审批。

审批完成后，将是否通过的结论回传到采集数据权限目录后台的审批管理模块中。当审批通过且结果返回时，采集数据权限目录的管理员和数据申请者会进行线下沟通，确认申请中数据的对接工作，数据申请流程结束。

3.5 字段采集及更新

采集数据权限目录字段采集及更新有两种方式：本地导入和线上同步。

3.5.1 本地导入

如图 3.9 所示，本地导入是线下通过附件的形式导入新增字段或更新字段。填写数据集名称、信息资源摘要、数据源来源单位等信息后上传附件。

图 3.9　本地导入

3.5.2　线上同步

如图 3.10 所示，采用线上同步方式时，若选择立即同步，则会同步数据中台的资产目录中所有表的字段信息作为采集数据权限目录新字段或更新字段。

图 3.10　线上同步

第 4 章 数据采集

数据采集又称为数据获取，是利用一种装置，从系统外部采集数据并输入系统内部的一个接口。

高校数据采集指校内各业务系统、校外相关系统通过各自接口获取数据采集目录权限内的所有字段数据，并将这些数据按照统一标准汇集到学校数据中台。

数据采集的目的是打通校内各业务系统数据，建成标准、统一、即时、强交互、可回溯的数据仓库，解决信息孤岛，消除信息"烟囱"，将现有网状数据交互、线下交互改造为以数据中台为中心的星型数据交互。

数据采集是通过数据中台完成的，目前已实现了全校重要业务系统数据的接入。

4.1 数据采集架构

4.1.1 传统数据采集架构

在信息化建设初期，高校各单位建设了相应的业务信息化系统，各业务系统采集数据采用对接不同业务系统，如图 4.1 所示，财务系统、科研系统、设备管理系统、一卡通系统的教职工基本信息通过对接人事系统采集，科研系统的科研经费信息通过对接财务系统采集，财务系统中采购项目支付流程需要的设备建账信息通过对接设备管理系统采集，门禁系统需要的一卡通信息通过对接一卡通系统采集。这些以网状数据交互方式采集的数据因业务系统数据标准、数据逻辑的理解不同而有较大差异，导致采集到的数据存在重复、冗余、不一致等情况。

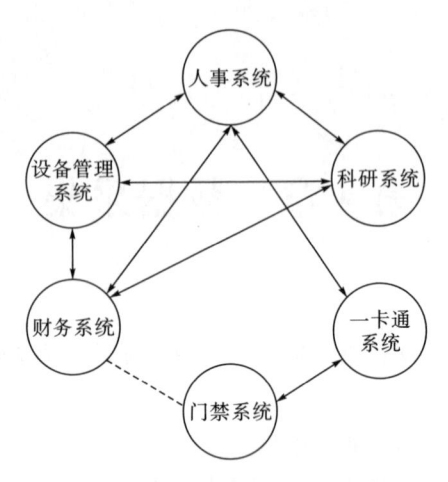

图 4.1 传统数据采集架构图

4.1.2 基于数据中台的数据采集架构

为了解决传统数据采集存在的数据重复、冗余、不一致等问题，我校采用以数据中台为中心的星型数据采集架构，目前已完成了校内 18 个部处、39 个业务系统的数据采集。如图 4.2 所示，所有重要业务系统需要共享的数据统一接入数据中台，数据中台根据统一的数据标准对接入的数据进行治理，并按单位和主题域形成数据资产目录，各业务系统之间的数据交互统一由数据中台完成，使得各业务系统采集到的数据准确、来源清晰。

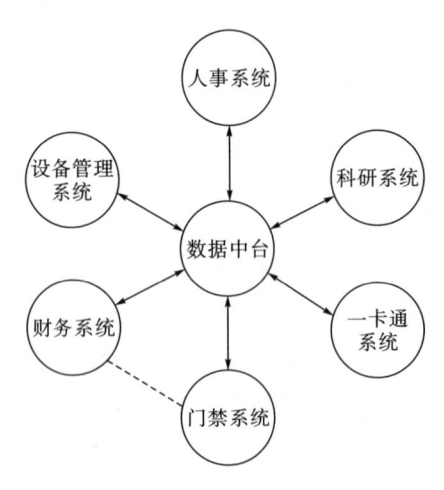

图 4.2 基于数据中台的数据采集架构图

4.2 数据采集管理规定

校内各单位建设或管理的信息化系统原则上需统一接入数据中台，形成学校数据资产，数据接入后由学校信息化管理部门统一对数据实施存储和管理。没有完成数据资产接入的信息化系统，学校信息化管理部门不得向其提供云平台、域名、网络地址分配、服务器托管以及安全策略等相关服务，由此造成学校数据资产安全隐患或流失的，由建设或管理单位自行负责。

4.3 数据接入控制及变更通知机制

得到高质量数据的最佳方法是防止低质量数据进入，这就需要建立严格的数据接入控制机制。学校数据中台系统接入范围为学校各单位信息系统，数据接入前，各单位需提供数据库字典表和数据库全库只读权限账号，完成数据源确权，如图4.3所示。同时，数据中台数据接入方式支持API接口和中间库方式，在收集相关数据前，要求各单位配合相关网络、账号和对接参数配置，如图4.4所示。在收集相关数据之前，与校内各单位进行充分的沟通对接，确保其充分认识到高质量数据输入的意义，并要求各单位进行云服务器申请时提交应用系统的数据库结构和字典表，如图4.5所示。

*需求标题							
*需求描述							
*需求提出人姓名				*目标库库名			
*目标库类型	oracle/mysql/…			*需求提出人电话			
*目标库IP/端口				需要将中台集群IP组加入白名单			
*目标库账号/密码				*数据推送周期		(天/周/月)	
需求完成反馈(中台填写)							
需求字段列表							
*目标库表名	*参数名/字段名	*类型		*格式说明		*字段描述	*提出时间
userinfo	GROUPID	VARCHAR2(100)		not null		群ID	2022-03-21

图4.3 数据接入信息表

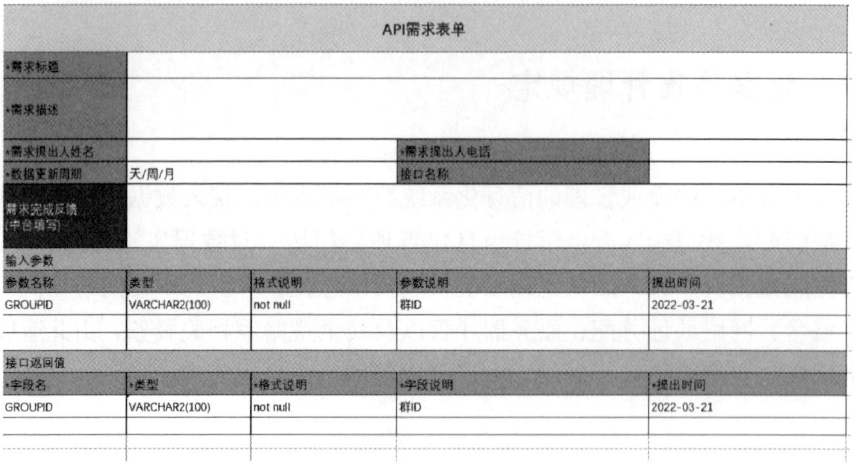

图 4.4　API 需求表单

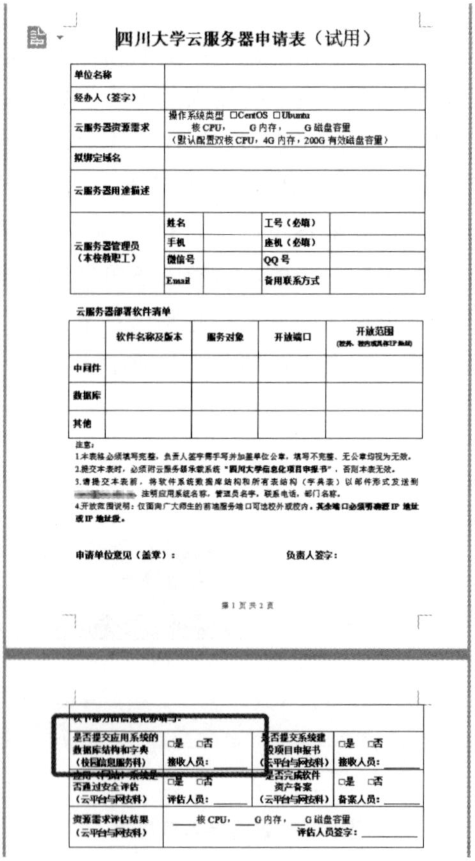

图 4.5　云服务器申请表

· 第 4 章 数据采集 ·

因中台业务复杂多变，每次变更都会产生数据的变化。因此，中台需要适应多变的业务发展，及时保障数据的准确性。为了让数据分析人员能及时知道数据表结构或业务逻辑的变化，需要建立业务平台变更流程，及时通过邮件、微信、钉钉等方式通知各单位相关人员。

4.4 数据采集范围

校内信息化管理部门根据各业务系统数据共享、数据分析辅助决策需求，高基表、状态数据库等数据填报要求，并结合学校数据管理标准和规范，按主题域和单位梳理形成"数据资产采集目录"，校内各单位按"数据资产采集目录"内数据采集明细配合信息化管理部门完成相关数据接入数据中台。"数据资产采集目录"梳理示例如图 4.6 所示，按照数据域、数据主题、数据表划分三级目录，并标注数据来源单位及需求情况。

序号	一级目录	二级目录	数据表名称	数据表注释	字段数	描述	详细字段	数据源单位	需求
1	教职工管理域	基本数据类	GXJG_XSRYXXZL	教职工基础数据子集	49	教职工个人基本信息	工号/姓名/英文姓名/姓名拼音/性别码/年龄/出生日期/出生地码/籍贯/民族码/国籍/地区码/身份证件类型码/身份证件号/婚姻状况码/港澳台侨外码/政治面貌码/健康状况码/血型码/信仰宗教码/照片/身份证件有效期/校区码/单位号/单位名称/最高学历码/最高学位码/一级学科码/二级学科码/文化程度码/参加工作年月/聘任日期/聘期/来校日期/到职日期/从教年月/籍贯地别码/教职工类别码/任课状态码/技术职务级别码/档案编号/档案文本/当前状态码/特长/学科类别码/是否独生子女/编制类别/研究方向/是否国家级人才	人事处	状态数据库】【高基表】【发规处

图 4.6 "数据资产采集目录"梳理示例

如表 4.1 所示，已确定 18 个数据来源单位，并从 39 个业务系统中采集 509 张数据表，其中包含 7604 个字段。

35

表 4.1 已接入全部业务系统和数据字段统计情况表

序号	单位名称	系统名称	接入表数量	接入字段数量
1	党委保卫处	门禁管理系统	3	38
2	教务处	本科教务系统	208	2316
3	财务处（招投标与采购中心）	财务管理系统	9	189
		××大学采购平台	4	37
4	党委学生工作部	就业系统	4	109
		学工一体化平台	15	138
		学生综合素质评价系统	2	—
5	发展规划处（"双一流"建设与质量评估办公室）	评教系统	1	—
		发规处学科系统	53	625
6	后勤保障部	宿管系统	7	216
7	科学技术发展研究院	科研系统	13	348
8	人事处（党委教师工作部、人才工作办公室）	人事系统	8	77
9	图书馆	机构库（论文等）	4	71
		图书管理系统（借书）	3	25
10	国际合作与交流处	留学生管理系统	1	26
		港澳台学生管理系统	1	13
11	校团委	第二课堂	31	485
12	研究生院	研究生管理系统	15	315
13	党委组织部	党员信息（静态表非系统）	2	11
14	校工会	工会管理系统	2	48
15	离退休处	离退休人员管理系统	1	208
16	资产处	××大学房产管理系统	10	—
17	设备处	资产设备管理系统	2	301

续表

序号	单位名称	系统名称	接入表数量	接入字段数量
18	信息化建设与管理办公室	GIS 系统	3	17
		返校系统	5	120
		数据统计分析系统（高基表）	3	58
		上网系统	2	211
		迎新系统	23	347
		校园卡管理系统	6	85
		疫情打卡系统	5	118
		OA 系统	5	78
		学生请假报备系统	4	127
		智慧课堂	4	75
		"云上川大"App	4	38
		爱课堂	14	117
		智慧党建系统	1	—
		雨课堂	16	238
		非本校人员数据库系统	12	318
		邮件系统	4	61
合计	18	39	509	7604

4.5 数据采集方式

按照数据采集时间延迟的大小可分为离线数据采集和实时数据采集。学校数据采集基于数据中台的离线开发模块和实时开发模块来完成。

4.5.1 离线数据采集

离线数据采集是指按调度周期异步自动同步各业务系统数据至数据中台的

过程。

离线数据采集支持以向导模式或脚本模式进行数据同步，向导模式的特点是便捷、简单，可视化字段映射，快速完成同步任务配置，但不支持如 Redis、ElasticSearch 等部分数据源；脚本模式的特点是全能、高效，可深度调优，支持全部数据源。

本节主要介绍如何通过数据中台离线开发模块的向导模式完成数据的离线采集。

4.5.1.1 离线数据采集支持的数据源类型

数据中台离线开发模块支持的数据源类型见表 4.2。目前支持的数据源为关系型数据库、MPP 数据库、大数据存储、半结构化存储、分析型数据库、NoSQL 等，都支持向导模式和脚本模式，但对数据库的版本有要求。

表 4.2 离线开发模块支持的数据源类型

数据源分类	数据源类型	抽取（Reader）/导入（Writer）	支持方式	版本
关系型数据库	MySQL	R/W	向导/脚本	MySQL 5.x
	Oracle	R/W	向导/脚本	Oracle 9 及以上
	SQLServer	R/W	向导/脚本	SQLServer 2012 及以上
	PostgreSQL	R/W	向导/脚本	PostgreSQL 9.4 及以上
	PolarDB	R/W	向导/脚本	PolarDB MySQL 8.0
	DB2	R/W	向导/脚本	DB2 9、DB2 10
	DMDB（达梦）	R/W	向导/脚本	DM7、DM8
	KingBase	R/W	向导/脚本	KingBase 8.2、KingBase 8.3
	SAP HANA	R/W	向导/脚本	SAP HANA 2.0 及以上
MPP 数据库	GBase	R/W	向导/脚本	GBase 8a
	LibrA	R/W	向导/脚本	
	GreenPlum	R/W	向导/脚本	Greenplum 5 及以上

续表

数据源分类	数据源类型	抽取（Reader）/导入（Writer）	支持方式	版本
大数据存储	MaxCompute	R/W	向导/脚本	
	Hive 2.x	R/W	向导/脚本	基于 Hive 2.x、Hive 3.x 版本的文件格式，目前支持 Textfile、ORC、Parquet 类型的文件
	Hive 1.x	R/W	向导/脚本	基于 Hive 1.x 版本的文件格式，目前支持 Textfile、ORC、Parquet 类型的文件
半结构化存储	HDFS	R/W	向导/脚本	基于 Hadoop 2.x、Hadoop 3.x 版本的文件格式
	FTP	R/W	向导/脚本	
分析型数据库	Impala	R/W	向导/脚本	3.2.0
	Kudu	R/W	向导/脚本	Kudu 1.10 及以上
	Clickhouse	R/W	向导/脚本	Clickhouse 19.x 及以上
	TiDB	R/W	向导/脚本	TiDB 3.0.10 及以上、TiDB 4.0
	CarbonData	R/W	向导/脚本	Carbondata 1.5 及以上
NoSQL	HBase	R/W	向导/脚本	HBase 1.3 及以上
	Phoenix	R/W	向导/脚本	Phoenix 4.11.0—HBase 1.3 Phoenix 5.0.0—HBase 2.0
	Cassandra	R/W	脚本	Cassandra 3.0 及以上
	ElasticSearch	R/W	脚本	ElasticSearch 5.X、6.X
	MongoDB	R/W	脚本	MongoDB 3.4 及以上
	Redis	W	脚本	Redis 2.9 及以上

4.5.1.2 离线数据采集流程

基于数据中台的离线数据采集主要通过配置数据采集流程，实现各业务系统共享数据按调度周期异步自动采集。离线数据采集流程如图 4.7 所示，包括数据源配置、创建离线数据采集任务、配置离线数据采集任务属性、保存任务

39

属性并运行任务（运行主要是看任务同步情况，运行无问题后方可提交）、提交离线数据采集任务至调度引擎、实现数据离线采集正常功能后进行采集任务运维管理。

图 4.7　离线数据采集流程图

4.5.1.3　离线数据采集实例

（1）数据源配置。

以 MySQL 数据源为例，说明离线数据采集时数据源的配置。关系型数据库数据源的配置基本类似，以下配置方式适用于 MySQL、PolarDB for MySQL8、Oracle、SQLServer、PostgreSQL、DB2、DMDB（达梦）、KingbaseES8、SQLServer JDBC 等数据库作为数据源的情况。

步骤一：选择数据源。进入数据中台离线开发模块，选择数据源管理下的"新建数据源请前往数据源中心"，进入数据源中心页面，在数据源中心"新增数据源"，可以看到如图 4.8 所示数据源配置窗口，在窗口中选择新建接入数据源的数据库类型。

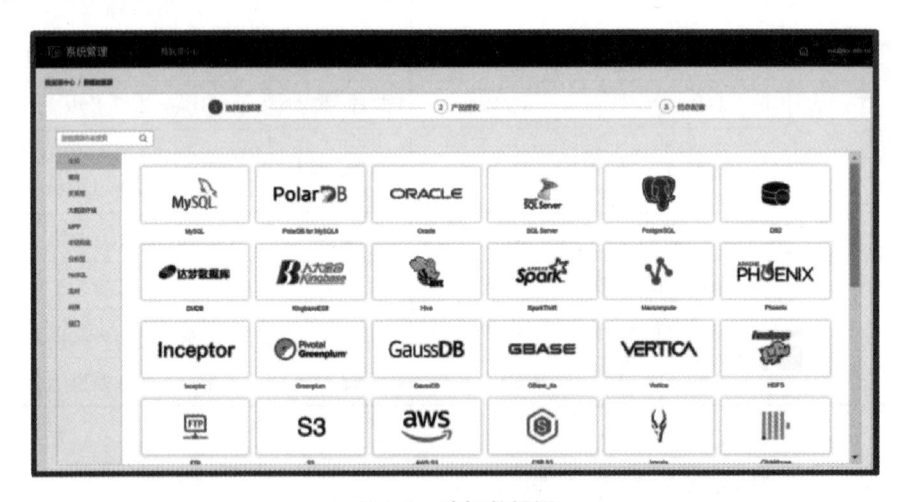

图 4.8　选择数据源

步骤二：数据源授权。如图 4.9 所示，在产品模块可对数据中台模块进行授权，授权后的模块才可以在数据源模块对此数据源进行引用，也支持在数据源配置完成后再授权。

40

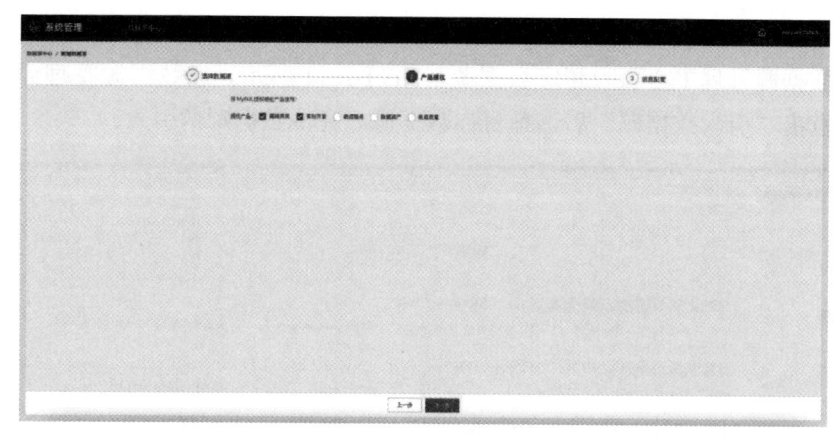

图 4.9　数据源授权

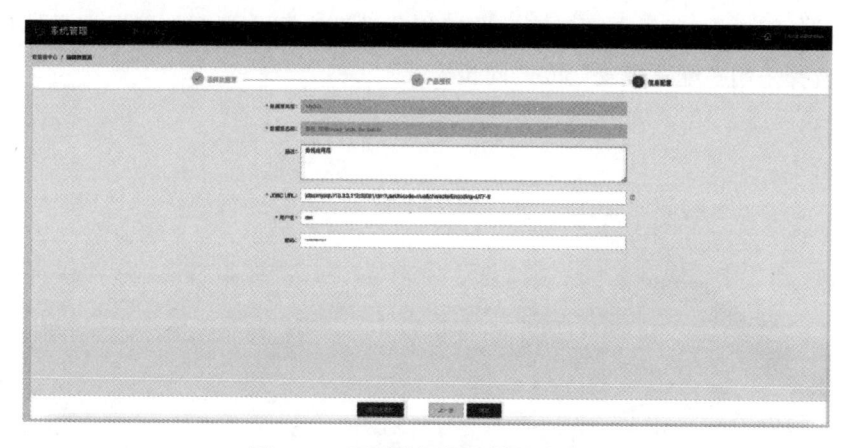

步骤三：配置数据源连接信息。配置数据源连接信息界面如图 4.10 所示，在此界面选择数据源类型，填写数据库名称、链接地址、用户名、密码等。JDBC URL 为访问 MySQL 数据库的链接地址。JDBC URL 格式如下：

host：MySQL 的 host 名或 ip 地址。

port：MySQL 的访问端口。

dbname：MySQL 的数据库名，后续配置 API 时，可选择库内的数据表。

用户名：访问数据库的用户名。

密码：访问数据库的密码。

连接参数：通过 useUnicode＝true&characterEncoding＝utf8 来指定字符集为 UTF8。

图 4.10　配置数据源连接信息界面

步骤四：引入数据源。数据源中心配置完成后，离线数据采集模块就可以通过数据源管理中心引入相应数据源，如图 4.11 所示，在数据源管理界面右上角点击"引入数据源"后选择目标数据源，完成数据源的引入。

图 4.11　引入数据源

（2）新建离线数据采集任务。

在数据中台离线开发模块数据开发项目内 ODS 目录下创建二级目录，目录命名为"单位名_系统名"，再在二级目录下创建离线数据采集任务。新建任务界面如图 4.12 所示，在此界面选择任务类型为同步类型，再根据具体任务需求选择采用"配置模式"或"同步模式"。

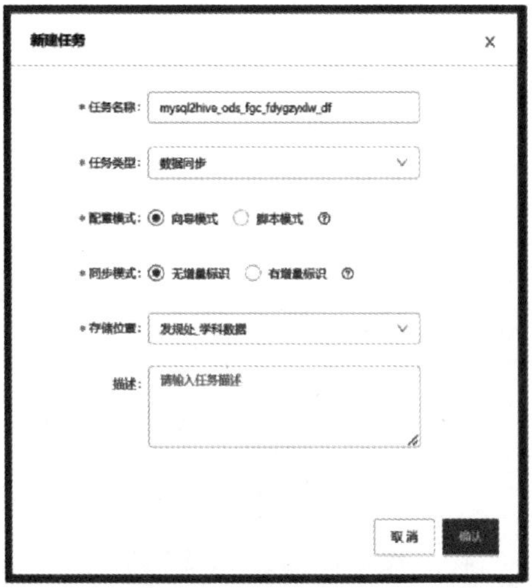

·第4章 数据采集·

图4.12 新建任务界面

配置模式：离线开发支持以向导模式或脚本模式进行同步任务的配置。因为通过向导模式可快速完成同步任务配置，所以在满足向导模式的条件时，尽量选择采用向导模式。

同步模式：该模式下需要标识本任务是否采用增量模式。如果无增量标识，则可通过简单的过滤语句实现增量同步；如果有增量标识，则系统将根据源表中的增量标识字段值记录每次同步的点位，执行时可从上次点位继续同步数据。

数据同步采用分布式同步引擎（FlinkX），用于在多种异构数据之间进行海量的数据同步，封装可视化页面，可便捷地完成任务配置数据开发：提供丰富的任务类型（如SpakSQL、HiveSQL、Python、Shell等），满足临时查询、周期调度等不同场景下的数据采集需求，基于自研分布式调度引擎支持按照时间、依赖关系等不同逻辑触发同步任务，支持各类任务按照DAG关系准确、准时运行，支持分钟、小时、天、周和月多种周期配置调度。

存储位置：选择数据同步存储文件位置，存储文件选择新建的二级目录。

（3）离线数据采集任务配置。

新建离线数据采集任务完成后，需要对离线数据采集任务同步参数进行详细配置。

步骤一：选择数据来源。如图4.13所示，需要选择已引入的数据源，选择Schema及需要采集的数据表。

图 4.13 选择数据来源

数据过滤：对于是否数据过滤，默认不设置过滤；如有需要设置数据过滤时，可对源头数据按条件筛选，根据指定的 column、table、where 条件拼接 SQL 进行数据抽取，还可利用 where 条件进行增量同步。利用 where 条件语句进行增量同步时，具体说明如下：增量导入在实际业务场景中，往往会选择当天的数据进行同步，需先确定表中采用哪一个字段描述增量字段，即时间戳。如 tableA 增量的字段为 create_time，则填写 create_time>需要的日期，如果需要日期动态变化，可以填写${bdp.system.bizdate}、${bdp.system.cyctime}等调度参数。

切分键：数据同步在进行数据抽取时，如果指定切分键，系统可以使用切分键的字段进行数据分片，数据同步会因此启动并发任务进行数据同步，这样可以大大提高数据同步的效能，仅支持数值型字段作为切分键，不支持字符串、浮点、日期等其他类型。推荐将表的主键作为切分键，因为表主键通常比较均匀，所以切分出来的分片也不容易出现数据热点。目前，离线数据采集支持 MySQL、Oracle、SQLServer、PostgreSQL、DB2、GBase 8a、DMDB（达梦）、PolarDB for MySQL8、Phoenix、Greenplum 数据类型；如果指定了不支持的类型，则忽略切分键功能，使用单通道进行同步。如果在通道控制配置的"作业并发数"大于 1，但没有配置切分键，任务将置为失败；如果不填写切分键，数据同步视作使用单通道同步该表数据。切分键的配置需要与通道控制配置联合使用。高校数据表的数据量都不大，默认不设置切分键。

高级配置：在特定场景下，无法满足需求时，支持以 JSON 格式传入其他参数，如 fetchSize 等，默认不配置。

·第4章 数据采集·

步骤二：选择数据目标。数据同步目标配置信息如图 4.14 所示，详细配置描述如下。

图 4.14 选择数据目标

数据同步目标：离线数据采集默认选择数据中台 SparkThrift 数据源。

选择数据表：目标表可以选择已有表或一键生成目标表，默认选择一键生成目标表，如图 4.15 所示，在一键生成的建表语句中，字段名直接读取源表字段名，字段类型按规则自动完成装换，字段注释缺失的一定要补充完整。

图 4.15 一键生成目标表

存储分区：若没有特殊要求，一般默认设置按天存储，分区名填写系统变量，而不是死分区名（${bdp.system.bizdate}），这样仅需一次配置，每天运行时，自动完成参数替换，无须人工干预。

选择写入模式：覆盖（insert overwrite），写入前，将清理已存在的数据文件，之后执行写入（默认选择）；追加（insert into），写入前，已有的数据不会删除，系统会写入新的文件。

高级配置：在特定场景下，无法满足需求时，以 JSON 格式添加高级参数，如对关系型数据库可配置 fetchSize，每类数据源支持不同的参数，默认不配置。

步骤三：源数据表、目标数据表字段映射。如图 4.16 所示，字段映射配置就是标识源表与目标表之间每个字段的映射关系，可以选择按照字段名或者左右两侧的字段序号进行自动映射匹配，也可以采用手动连线方式一一映射，但默认采用同名映射或同行映射，便于快速配置。

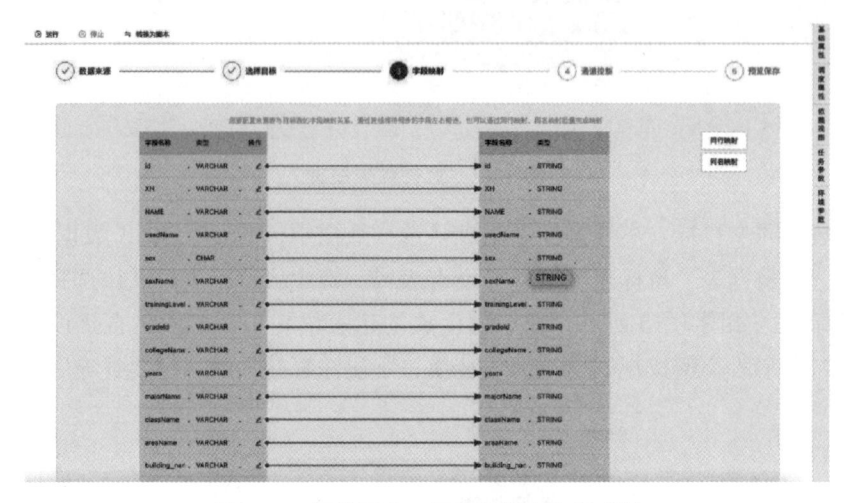

图 4.16　源数据表、目标数据表字段映射

步骤四：同步控制参数设置。如图 4.17 所示，详细设置描述如下。

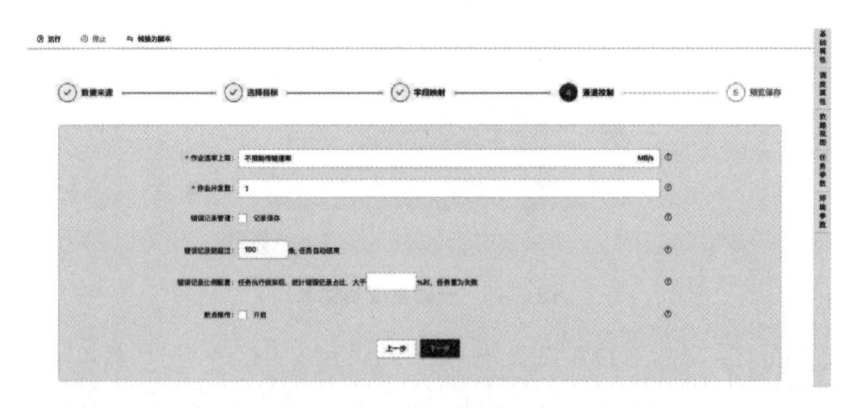

图 4.17　同步控制参数设置

作业速率上限：设置作业速率上限，则数据同步作业的总速率将尽可能按照这一上限，这一参数需根据实际数据库情况进行调整，默认为不限制，页面可选择 1~20MB/s，也可以直接填写希望的数值。当数据量较大且硬件配置较好时，可以提高作业速率上限，采集数据时将会提高同步速度，使用较短的时间完成数据同步。默认不设置。

作业并发数：仅关系型或 MPP 类数据库才支持作业并发数。作业并发数需要与"数据源"配置中的"切分键"联合发挥作用，系统将一张表的数据切分为多个通道并发读取，提高同步速度。如果作业并发数大于 1 但没有配置切分键，任务将置为失败。默认不设置。

错误记录管理：开启后，任务会将数据同步过程中的错误数据写入指定的 Hive 表（可指定表名、生命周期）。默认不设置。

错误记录数配置：表示脏数据的最大容忍条数，如果配置 0，则表示严格不允许脏数据存在；如果不填，则代表容忍脏数据。默认配置为 0。

错误记录比例配置：任务执行结束后，统计错误记录比例，当比例过高时，将此任务实例置为失败。默认不配置。

断点续传：默认不开启。开启后，需要选择标识字段，若任务发生异常中断，恢复后可从断点处继续同步，需保证标识字段值为升序。对标识字段的要求为：数据源中必须包含一个升序的字段，如主键或日期类型的字段，同步过程中会记录同步的点位，若数据同步在中途发生异常失败，在恢复运行时使用这个字段构造查询条件过滤已经同步过的数据，如果这个字段的值不是升序，那么任务恢复时过滤的数据就是错误的，最终导致数据的缺失或重复。

步骤五：调度属性设置。在离线数据采集中，任务都是按调度周期自动同步的，故在采集过程中需要对采集任务进行调度属性设置，如图 4.18 所示。

图 4.18　调度属性设置

调度状态：默认不勾选。一般在任务运维界面对采集同步任务进行调度状态设置。如果需要让这个同步任务停止运行一段时间，可勾选"冻结"，此任务进入冻结状态。

出错重试：勾选出错重试，当本任务运行失败时，会进行自动重试，每次间隔2分钟，可配置重试1~5次，默认重试3次。建议对数据量较大、运行时间较长或某些资源消耗比较大的同步任务进行设置。

生效日期：当前同步任务的调度生效日期范围，默认为100年。若有特殊需要，可以修改此时间范围超出生效日期后，此同步任务的实例不会再生成。

调度周期设置：可配置周期粒度为天、周、月、小时、分钟，若选天，则表示此任务每天执行一次。

调度具体时间：调度具体时间配置见表4.2。

表4.2 调度具体时间配置

调度周期	起调时间配置
日	天调度任务，即每天自动运行一次。新建周期任务时，默认的时间周期为每天0点运行一次，可根据需要自行指定运行时间点，配置具体时间。 小时：单选下拉列表"00~23"，默认选中00。 分钟：单选下拉列表"00~59"，默认选中00。
周	周调度任务，即每周指定的特定几天，每天在特定时间点自动运行一次，需配置选择时间和具体时间。 选择时间：复选下拉列表"星期一，星期二，…，星期日"，可复选，默认选中星期一。 具体时间：与调度周期"日"相同。
月	月调度任务，即每月指定的特定几天，每天在特定时间点自动运行一次，需配置选择时间和具体时间。 选择时间：复选下拉列表"每月最后一天，每月1号，每月2号，…，每月31号"，可复选，默认选中每月最后一天。 具体时间：与调度周期"日"相同。
小时	小时调度任务，即每天指定的时间段内按$N×1$小时的时间间隔运行一次，比如每天1点到4点的时间段内，每1小时运行一次。当调度周期切换到非天级调度时，节点起调时间将不可选，需配置开始时间、结束时间和间隔时间。 开始时间、结束时间：与调度周期"日"类似，小时可选择"00~23"，分钟不可选，开始时间的分钟为00，结束时间的分钟为59。开始时间应早于结束时间。 间隔时间：单选下拉列表"1小时，2小时，…，23小时"，默认选中1小时。

续表

调度周期	起调时间配置
分钟	分钟调度任务，即每天指定的时间段内按 $N×$ 指定分钟的时间间隔运行一次，目前能支持的最短时间间隔为每 5 分钟运行一次，当调度周期切换到非天级调度时，节点起调时间将不可选，需配置开始时间、结束时间和间隔时间。 开始时间、结束时间：与调度周期"小时"相同。开始时间应早于结束时间。 间隔时间：单选下拉列表"5 分钟，10 分钟，…，55 分钟"，默认选中 5 分钟。

离线数据采集任务支持的最小调度间隔为 5 分钟，如果还需要更短的调度周期，可通过实时数据采集完成。具体时间并不表示同步任务的实际开始时间，系统可能会因集群资源紧张等原因延迟执行。

【延迟实例】仅适用于调度周期为小时和分钟的同步任务，假设某任务的调度周期为 10 分钟，1：00 的实例到 1：53 才运行完成，勾选此项后将直接运行2：00的实例，1：10—1：50 的实例会被置为"自动取消"状态。

资源组：如图 4.19 所示，通过资源组，可以查看所有同步任务最近 2 天的同步时间点，为调度周期配置提供参考，尽量避开任务同步高峰期。

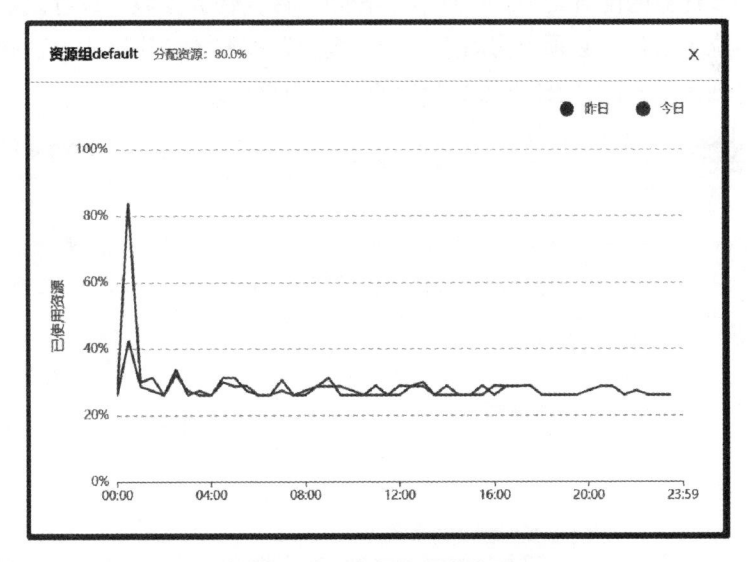

图 4.19 资源使用水位图

步骤六：保存并运行同步任务。配置完成后，检测配置信息无误后可以保存任务属性，并点击左上角"运行"执行同步任务。如图 4.20 所示，运行完成后，在编辑区下方会显示日志页，如果任务运行报错，可以在编辑区查看错误代码或在最下方下载完整日志。

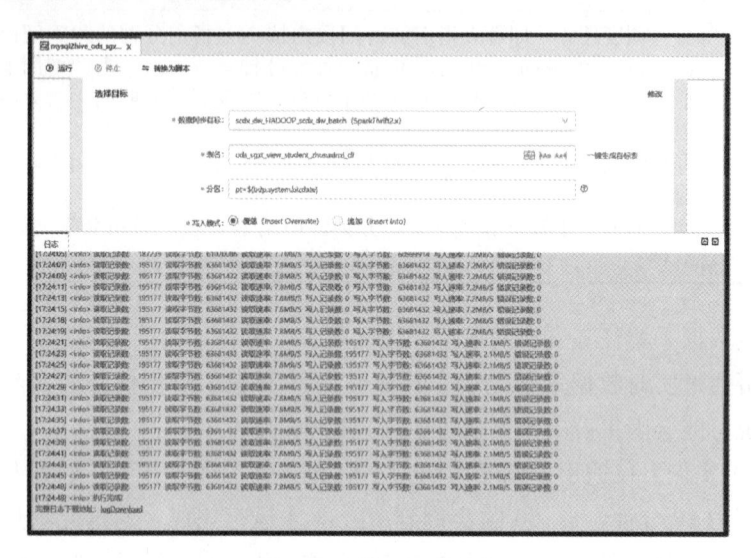

图 4.20 运行同步任务

步骤七：保存并提交同步任务。在任务运行无误后，如图 4.21 所示，再次确认同步任务的配置，点击"保存"按钮，保存任务参数。保存之后并不会在调度系统中生效，必须点击右上角的"提交"按钮才会实际生效。提交同步任务是将创建/修改后的任务参数提交至调度引擎生效。

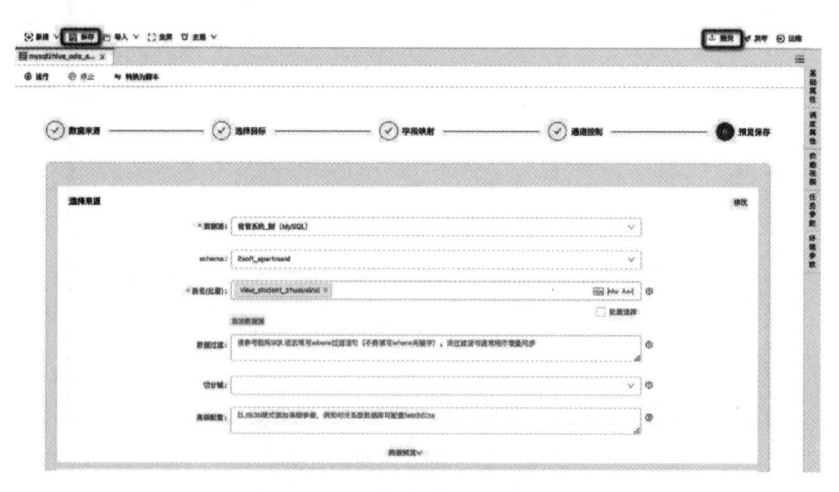

图 4.21 保存并提交同步任务

（4）离线数据采集任务运维管理。

·第4章 数据采集·

当采集任务提交之后，可以在数据中台"运维中心→任务管理"模块查看已提交的任务列表，如图4.22所示。任务列表包含任务的名称、状态、计划时间、任务运行开始时间及结束时间等基本信息，常见的操作包括冻结与解冻、查看运行报告等。同步任务运行报告如图4.23所示，可按次数（近7次/30次/60次）统计任务的运行情况。

图4.22 同步任务列表

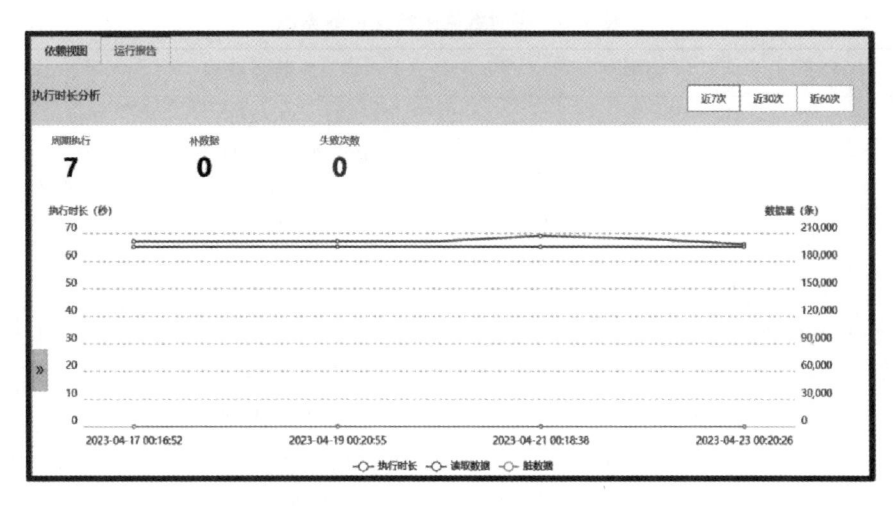

图4.23 同步任务运行报告

4.5.2 实时数据采集

实时数据采集是指将数据源中的数据实时同步至目标数据源的过程，适用于要求数据延迟小、数据时效性强的场景，基于数据中台的实时数据采集是通过消息中间件Kafka，实现数据源表实时数据采集至Kafka内等待消费。

类似离线数据同步任务，实时数据采集同样提供两种开发模式：向导模式和脚本模式。

向导模式是提供向导式的开发引导，通过可视化的填写和下一步的引导，帮助快速完成数据同步任务的配置工作。向导模式的学习成本低，但无法享受某些高级功能。

脚本模式是通过直接编写数据同步的JSON脚本来完成数据同步开发，适合高级用户，学习成本较高。脚本模式可以提供更丰富、灵活的能力，进行精细化的配置管理。

本节主要介绍如何通过数据中台实时开发模块的向导模式来完成实时数据的采集。

4.5.2.1 实时数据采集支持的数据源类型

实时数据采集支持的数据源类型见表4.3，来源数据源类型支持大部分关系型数据库，目前目标源暂时只支持Kafka。

表4.3 实时数据采集支持数据源

任务类型	表类型	数据源类型
实时数据采集	来源	MySQL PolarDB for MySQL8 Oracle SQLserver PostgreSQL DB2 Greenplum Kafka EMQ WebSocket Socket Restful TBDS_Kafka
	目标	Kafka

4.5.2.2 实时数据采集流程

与离线数据采集一样，实时数据采集也是通过配置数据采集流程，实现数据实时传输。实时数据采集流程如图4.24所示，包括数据源引入、创建实时数据采集任务、配置实时数据采集任务属性、保存并提交任务、实时数据采集任务上线及运维。

图4.24 实时数据采集流程图

4.5.2.3 实时数据采集实例

本节主要介绍在数据中台实时开发模块中配置MySQL实时数据采集任务。

（1）数据源引入。

数据源中心已经配置的数据源可以直接引入，新增的数据需进行数据源配置（同离线数据采集中数据源配置）。

（2）创建实时数据采集任务。

与离线数据采集同步任务一样，首先创建二级目录，目录命名为单位名_系统名。在新建二级目录下创建实时数据采集任务，如图4.25所示。

图4.25 创建实时数据采集任务

任务名称：按照规范命名。

任务类型：任务类型选择实时数据采集。

配置模式：默认选择向导模式。向导模式可实现大部分的实时数据采集，并通过可视化的填写和下一步的引导，帮助快速完成实时数据同步任务的配置工作。当向导模式无法满足配置要求时，可以通过直接编写数据同步的 JSON 脚本来完成实时数据同步。

（3）配置实时数据采集任务属性。

步骤一：选择数据源并配置相关参数。如图 4.26 所示，数据来源配置信息如下。

图 4.26　数据来源参数配置

数据源类型选择：选择对应数据类型的已有数据源，本例选择 MySQL。

任务类型配置：MySQL 实时数据采集支持两种类型，即 Binlog 实时数据采集和间隔轮询。Binlog 实时数据采集的本质是通过读取数据库中的日志文件，逐条读取用户 Insert、Update、Delete 操作（此处以 MySQL 为例，不同数据库对应不同的操作类型），将其以流式数据的方式记录在 Kafka 中，供后续 Flink 进行消费。Binlog 实时数据采集的优点是读取压力小、数据准确，缺点是需要管理员手动开启日志服务才可使用。间隔轮询是通过 JDBC 发起查询请求，以短间隔查询数据的方式实现近似实时数据采集的功能。间隔轮询的优点是不需要手动开启日志服务，缺点是间隔过短，当轮询数据量大时，容易给服务器带来较大负担。本节以 MySQL Binlog 为例，描述实时数据采集配置。

是否分表选择：勾选后，可以设置多对多分表写入。目前主要针对 Hive 数据源实现多对多分表写入。默认不勾选。

目标表配置：选择数据源表。

采集起点选择：可以选择从任务运行时开始、按时间选择、按文件选择三种采集起点。从任务运行时开始，任务提交处于"运行中"时，开始实时数据

第 4 章　数据采集

采集；按时间选择，以选择的时间作为采集起点（非完全精准）；按文件选择，根据选择用户的 Binlog、LogMiner 作为起始文件进行采集。

数据操作：支持 Insert、Update、Delete 三种数据操作类型选择，当发生 Insert、Update 等操作时，实时数据采集组件可根据 Binlog 等信息立即获取操作，并实时将变更信息同步至目标数据源。默认全部勾选。

格式转换：勾选后，将会多层嵌套格式的 JSON 分解为单层结构，如{"a":1,"b":{"c":3}}将会被分解为{"a":1,"b_c":3}。

高级配置：以 JSON 格式添加高级参数，如对关系型数据库可配置 fetchSize，每类数据源支持不同的参数。默认不配置。

步骤二：选择目标数据源并配置相关参数。如图 4.27 所示，选择目标配置信息如下。

图 4.27　指向目标 Kafka 的某一 Topic

目标数据源：暂时只支持 Kafka 作为实时数据采集数据源。

Topic：选择 Kafka 存储的目录。

数据有序：开启后，实时数据采集将在写入时保证数据的有序性，此时作业读取、写入并发度仅能为 1。

步骤三：同步控制参数配置。如图 4.28 所示，可根据需求配置速率，默认不修改。

图 4.28　同步控制参数配置

步骤四：确认配置参数并保存。如图 4.29 所示，再次浏览所有配置内容，

55

确认无误后,点击左上角"保存"按钮,并点击右上角"提交"按钮,完成实时数据采集任务配置。

图 4.29　确认配置参数并保存

与离线数据采集周期调度任务不同的是,实时数据采集任务提交后,只是将任务提交到运维中心,需要在运维中心对任务进行上线或取消操作。

(4)实时数据采集任务上线及运维。

任务配置提交后,需在任务运维页面对任务进行上线,之后数据就会实时写入 Kafka 等待消费。如图 4.30 所示,在任务界面可对任务进行提交、修改、停止等操作。

图 4.30　任务上线

通过任务运维可查看当前任务状态。例如,可查看实时数据采集任务数据曲线(图 4.31)、运行信息、运行日志等信息。

·第4章 数据采集·

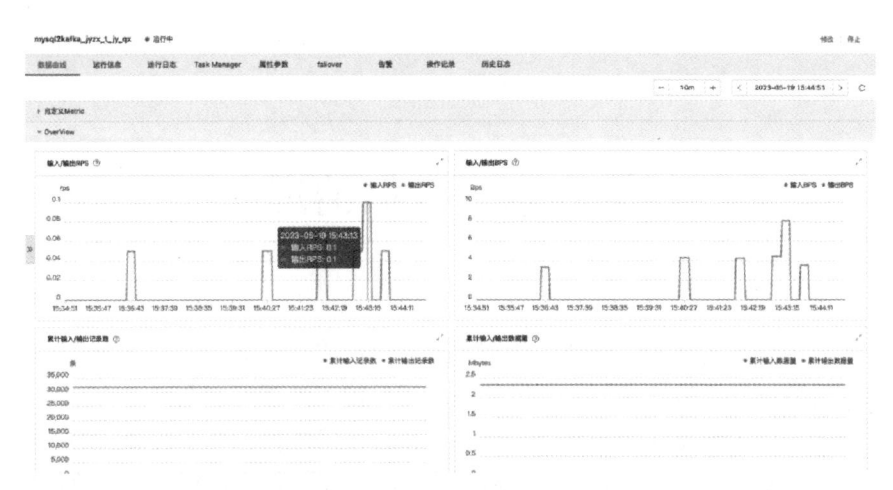

图 4.31 实时数据采集任务数据曲线

4.6 数据采集的安全性

保障数据的安全性是数据采集的重点。采集时应严格按照根据数据分级分类标准对不同级别的数据进行相应的安全保障。

数据中台的数据不涉密，但有部分会涉及个人隐私，因此对于涉及隐私数据的总体原则如下：

（1）涉及隐私数据集较大的，建立独立的项目空间，授权特定人员进行采集和管理。

（2）涉及少量表级的隐私数据，按角色授权相应的采集/访问/管理权限。

（3）涉及字段级的隐私数据，可建立脱敏规则对相应字段进行脱敏。

第 5 章 数据治理

数据治理是指在一定的技术架构和标准规范的支持下,通过合理有效的组织方式对数据资源进行规划、开发、利用、保护和治理等一系列活动。

近年来,大数据作为新兴学科已成为各大科研机构、企业及高校的热门研究领域。截至目前,虽已有一定的研究成果及应用,但大数据真正的价值还未被开发,这就需要另外一门更新颖的技术——数据治理技术来推动大数据的发展。目前关于数据治理的研究相对较少,各研究者也有自己的理解,2012 年 10 月出版的 *Big Data Governance:An Emerging Imperative* 中,桑尼尔·索雷斯提出"数据治理"概念,即数据治理是广义信息治理计划的一部分,它通过协调多个职能部门的目标来制定与大数据优化、隐私和货币化相关的策略。具体来说,数据治理应该被纳入现有的信息治理框架内,数据治理的工作就是制定策略,大数据必须被优化、进行周到的隐私保护、被货币化,数据治理必须协调好多个职能部门的目标和利益。

5.1 数据治理目标

通过项目的实施,数据治理的目标是建设学校一体化、智能化公共数据平台,为数据应用和产品提供公共数据服务,解决业务数据格式不统一、数据项缺失、数据代码集混乱、地址信息杂乱等问题,统一数据标准、聚集数字资源、科学分类建仓、高效回流应用,构建统一高效、互联互通、安全可靠的数据资源服务体系,促进不同部门、不同学院、不同层级、不同单位之间教育数据的流动,支撑学院、部门各系统的应用及创新,降低用户理解和获取数据的难度,降低数据加工的深度和复杂度,提升数据应用和产品获取数据的效率,保持各个产品和应用间数据的一致性。

数据治理的内容主要包含以下几个方面:

(1)提供统一的数据出口。方便不同用户快速、清晰地了解数据来源,降低跨部门业务数据获取的难度，由于各个用户统一从公共数据服务平台获取数据，因此数据口径的一致性得到了有效保障。

（2）保证数据的标准化。根据教育信息化行业标准建设数据元标准、数据代码集标准、数据表命名规范和数据资源目录标准，保持数据标准化规范。

（3）提供汇总的业务数据，满足查询、统计、分析等多类应用产品的数据需求。

5.2 数据治理原则

若要将数据治理好，需要遵循以下四个原则：

（1）坚持统一的数据标准原则。数据标准是数据治理工作的基础，是规范统一业务和技术语言的重要桥梁，做好数据标准化工作是数据管理工作成败的关键，也是量化考核的依据和基础。数据标准的缺乏和滞后，会导致数据源以多种形式存在，使业务口径差异大、基础信息编码多套并存、数据填报规则缺乏，加剧数据跨系统整合的难度，从而无法真正实现数据资产的价值。应以数据调研报告为依据，使用统计和信息模型建立数据元标准、数据代码集标准、数据表命名规范和数据资源目录标准。特别是对于一些关键概念，需要多方达成共识，形成一致标准。

根据学校现有数仓中的数据子集（包括学校、档案、院系、消费、图书、学生、教学、教工、科研、财务等），进行数据模型设计。数据模型设计主要为学校提供一套统一的数据标准，包括维度和指标的规范定义、数据模型设计、数据开发和数据服务规范。结合设计好的数据标准和模型对学校的学生管理、教学管理、科研管理、人事管理、财务管理、资产与设备管理、办公管理、外事管理、档案管理、学校概况及其他不同管理模块的核心数据集进行清洗治理和规范化开发，为学校建设统一规范的基础数据标准库。

（2）坚持数据确权原则。数据主权原则是指国家自主独立行使占有、控制、使用、保护、处理本国数据的权力。数据主权对外表现为一个国家有权力自主决定如何参与国际中与数据相关的政治、经济、社会活动，并有权力采取必要措施保障国家主权、数据权益不受他国侵犯；对内表现为一个国家对政权管辖范围内的数据产生、存储、处理、传输、交易和利用等一切活动享有最高的管辖权力。对于学校，数据确权分为数据所有权、数据生产权、数据使用权和数据管理权。数据所有权属于学校；数据生产权属于产生或采集数据的各业务单位；数据使用权是各使用业务数据的单位；数据管理权属于学校信息化管理部门。其中，经常被提到的"一数一源"就是数据生产权（或叫采集权）的具体体现，保证数据的唯一性和准确性。

（3）坚持数据流通原则。数据流通是数据资源潜在价值得以实现的前提和条件。数据流通原则是指法规政策制度应为数据资源在市场中的自由流通提供基本制度保障，不对其流通施加不必要的限制。提倡应用驱动数据治理就是数据流通原则的具体表现，数据只有在不断的使用过程中才能保证其准确性和实时性，不被使用的数据除占用存储空间外毫无用处。

（4）坚持数据安全原则。数据安全原则是指依靠数据治理确保数据安全，避免数据泄露、窃取、毁坏、篡改、滥用等危险，充分保障国家、社会安全稳定及个人的基本合法权益。具体来说，一是需要保障数据的真实完整性，保障静态存储的数据不被恶意访问、篡改、丢失、伪造或利用；二是要保障数据使用的保密性，凡是使用涉及国家及社会安全、个人合法权益的涉密、敏感数据，必须获取授权。建立数据采集和使用的审批制度是保障数据安全的重要手段之一。

5.3　数据治理规范

数据治理规范是指在数据中台对数据进行规划、开发、利用、保护和治理等一系列活动需要遵循的标准。如ODS层、DWD层、DWS层、ADS层等各层数据进行规划、开发、利用、保护和治理等需要遵循的标准。针对各层建设有不同的规范。

5.3.1　ODS层（镜像层）建设

ODS层即操作数据层，也有文献翻译为业务操作数据存储层，每个数据中台厂家根据所采用的具体操作，叫法各有不同，在我校采用的数据中台系统中叫作镜像层。镜像层的建设框架如图5.1所示，文件、图片、视频、登记类数据批量接入数据中台后形成HIVE原始库的过程，犹如对业务操作数据进行了镜像操作，因此叫作镜像层。

· 第 5 章 数据治理 ·

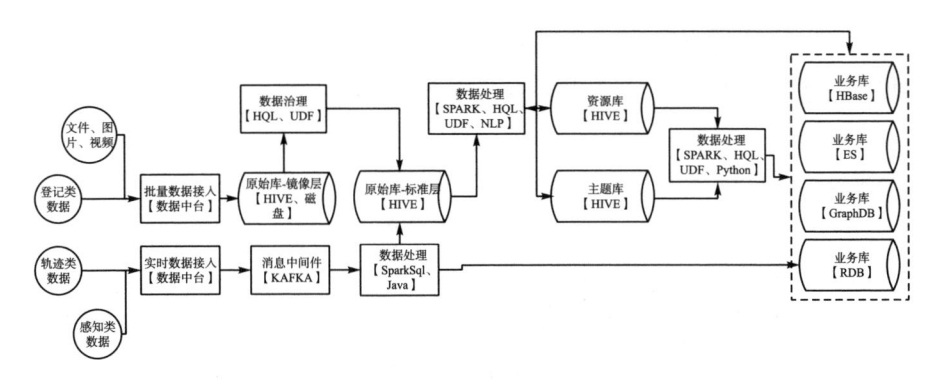

图 5.1 ODS 层建设框架图

5.3.1.1 ODS 层数据类型规范

ODS 层的数据类型基于源系统数据类型进行转换，转换规则见表 5.1。

表 5.1 ODS 层数据类型转换规则（基于源系统数据）

MySQL 数据类型	Hive 数据类型
TINYINT/SMALLINT/MEDIUMINT/INTEGER /BIGINT	String
FLOAT/DOUBLE/DECIMAL	String
LONGTEXT/TEXT/VARCHAR/CHAR	String
DATE/DATETIME	String

其他系统字段转换规则见表 5.2。

表 5.2 ODS 层数据类型转换规则（其他系统字段）

Oracle 数据类型	Hive 数据类型
numeric	String
VARCHAR2/VARCHAR	String
DATE	String
CLOB	String

数据类型规范的目标是将所有数据类型都规范为 Hive 数据库通用 String 类型。

5.3.1.2 DS 层表命名规范

ODS 层形成库表的命名规范为：

表英文名：ods_{业务部门}_{源系统}_{源表名}_di/df

其中，{}是必填项，[]是选填项，di是增量抽取，df是全量抽取。

如果是视图，则：

表英文名：ods_{业务部门}_{源系统}_V_{源名}_[自定义表命名标签缩写]_di/df

表中文名：[业务部门]{源系统}{表内容名称}

其中，{}是必填项，[]是选填项。

表 5.3 为 ODS 层表命名样例。

表 5.3 ODS层表命名样例

表英文名	表中文名
ods_rsc_rsxt_hr_talent_info_df	人事系统人力资源信息表
ods_jwc_bksjwglxt_bjdmb_df	本科生管理系统班级代码表

5.3.1.3 ODS层管理字段规范

为 ODS 层中每张表添加管理字段，见表 5.4，以更好地对表进行管理。

表 5.4 ODS层字段规则

字段名	字段中文名	生成规则
ODS_RKSJ	镜像库入库时间	首次入库取系统时间

5.3.2 DWD 层（明细层）建设

5.3.2.1 DWD层数据规范

（1）数据去重：去重逻辑设计是关键。

很多厂商在开发时设置自增主键，即使数据重复，主键也是不同的，但这种情况始终没有解决数据重复的问题，在使用时会出现数据不一致的情况，如证件号码去重，存在同一考生证件报名、取消、再报名的情况。因此，采用主键去重解决该类问题。例如，每个学生或老师的行为数据，在入学、入职、一卡通就餐刷卡数据中，同一个人不可能在同一时间重复出现多条相同的数据，以老师入职数据为例，可以根据<身份证号、工号、入职时间、状态>四个字段去重，最终只需要得到一条准确的数据；以学校门禁处机动车出入信息为例，可以根据<证件号码、车牌号码、进校时间>字段去重，得到唯一准确真实的数据，见表 5.5。

表 5.5　DWD 层数据去重样例

数据类型	去重字段
机动车出入记录	主键编号、证件号码、车牌号码、进校时间
老师来访信息	主键编号、证件号码、姓名、来访时间
教职工入职信息	主键编号、证件号码、工号、入职时间、状态
学生基础信息	主键编号、证件号码、学号、入学年份、学院号

（2）字段代码标准化。

数据中存在大量的代码，且不同系统中相同含义的代码值通常是不一致的，如性别存在 0、1，男、女，M、F 等多种情况。代码标准化首先需要对系统中的代码类别和高校部标准代码表进行梳理，整理出标准代码表，然后建立每个系统中的代码表与标准代码表的映射，映射表参考表 5.6。把 ODS 层表里的代码字段通过标准代码表得出对应标准代码值输出到对应 DWD 层表中。

表 5.6　DWD 层字段代码样例

标准代码	标准代码值	原业务系统名称	原业务系统代码	原业务系统代码值
00	男	学生管理系统	M	男性
01	女	财务处系统	F	女性

（3）字段命名标准化。

高校业务系统来源复杂、表的数量多，会造成不同表之间对同一类型数据的字段描述不相同，如居民身份证号码，就存在 SFZH、GMSFHM、SFZHM、ZJHM 等多种字段名称，获取数据相当不便，因此，需要将原始业务数据表中的字段与标准数据元和数据元限定词（高校标准数据元）对标，最终输出高校标准字段名，如 SFZH、GMSFHM、SFZHM、ZJHM 统一输出 GMSFHM（高校标准）。如果表字段不在高校数据元标准内的，按照中文简拼处理，并做好记录，如职工状态（不在高校标准里）输出标准化字段名为 ZGZT。样例见表 5.7。

表 5.7　DWD 层字段命名样例

字段名称	字段描述	备注
GMSFHM	居民身份证号码	居民身份证号码
ZJLX	证件类型	存放统一编码后的证件类型，如 111、414 等
ZJHM	证件号码	存放身份证、护照、军官证等各种证件号码
CSRQ	出生日期	各类人员的出生日期
XM	姓名	
WHCD	文化程度	
XB	性别	
MZ	民族	

（4）字段格式标准化。

DWD 层字段格式样例见表 5.8。

表 5.8　DWD 层字段格式样例

格式类型	统一格式	示例
日期	YYYYMMDD，默认为 19000101	20171212
时间	YYYYMMDDHHMISS，默认为 19000101000000	20171212121314
字符串	去除头尾空格，去除回车，默认为 NULL	Trim（'学校'）
整型	默认为 0（可根据具体业务类型调整）	
双精度	默认保留 4 位小数位（可根据具体业务调整）	

（5）数据质量标准化。

①代码转换关联不上代码的，置空。

②所有代码转换，采用标准代码表。

③所有字符串类型字段做"全角转半角"处理，过滤特殊字符，包括 \n、\r、尾部 \ 等。

④所有时间类型字段统一成字符串类型、时间类型、整数类型，纯数字时间标准化处理（8 位 yyyymmdd、14 位 yyyymmddhhmiss），不合规的时间字段置为空。

⑤对证件类型为身份证的证件号码字段做全角转半角、小写转大写、15 转 18 处理，提取出居民身份证号码。

⑥有性别和出生日期字段的，根据居民身份证号码，提取性别和出生日期

字段；没有居民身份证号码的，根据码表转性别。

⑦可以根据具体数据质量问题编写对应 udf（基于 Hive）或存储过程（关系型数据库）进行数据清洗。

5.3.2.2 DWD层表命名规范

DWD层形成的库表的命名规范为：

表英文名：dwd_{业务域}_{标准表命名标签缩写}_di/df

其中，{}是必填项，[]是选填项，di 是增量抽取，df 是全量抽取。

表中文名：[业务域]{标准表内容名称}

其中，{}是必填项，[]是选填项。

DWD层表命名样例见表 5.9。

表 5.9 DWD 层表命名样例

表英文名	表中文名
ods_gxxs_bzkslqzl_df	高校学生_本专科生录取子类
ods_gxjx_jcjbsjzl_df	高校教学_教材基本数据子类

5.3.2.3 DWD层管理字段规范

为DWD层中每张表添加管理字段，以更好地对表进行管理。DWD层字段规则见表 5.10。

表 5.10 DWD 层字段规则

序号	字段名	字段中文名	生成规则
1	BZK_XXZJBH	标准库信息主键编号	MD5（业务逻辑主键组合）
2	BZK_RKSJ	标准库入库时间	首次入库取系统时间
3	BZK_SJLYXT	标准库数据来源系统	数据来源系统
4	BZK_SJYXX_PDBZ	标准库数据有效性判断标志	记录被逻辑或物理删除为0，其余为1
5	BZK_SJYCMS	标准库数据异常描述	参考数据问题标识格式

5.3.2.4 DWD层问题数据标识样式

在DWD层，如果出现问题数据，就会产生问题数据标识，标识样式如下：

(1) zjlx（证件类型）存在空值：bzk_sjycms[zjlx:空值]。

(2) zjhm（证件号码）存在长度异常和格式异常：bzk_sjycms[zjlx:长度/格式异常]。

(3) rzsj（入职时间）存在逻辑错误（大于当前时间）：bzk_sjycms[rzsj:逻辑错误]。

(4) rxsj（入学时间）、bysj（毕业时间）存在逻辑错误（rxsj 大于 bysj）：bzk_sjycms[rxsj｜bysj:逻辑错误]。

5.3.3 DWS（主题层）建设

5.3.3.1 DWS 层表命名规范

DWS 层形成的库表命名规范为：

表英文名：dws_{表名称拼音首字母}_{dd/mid}

其中，{} 是必填项，[] 是选填项。

表中文名：{数据域}{表内容名称}

其中，{} 是必填项，[] 是选填项。

DWS 层表命名样例见表 5.11。

表 5.11 DWS 层表命名样例

表英文名	表中文名
dws_rcpy_zsxx_mid	人才培养_招生信息_中间表
dws_rcpy_dd	人才培养结果表

5.3.3.2 DWS 层管理字段规范

DWS 层字段规则见表 5.12。

表 5.12 DWS 层字段规则

序号	字段名	字段中文名	生成规则	数据元编号
1	DWS_SJLY	主题库数据来源	根据数据来源生成规则确定	DE0XXXX
2	DWS_RKSJ	主题库入库时间	首次入库取系统时间	DE9XXXX

5.4 主数据治理

5.4.1 学校概况域

5.4.1.1 校区基本信息

存在问题：资产处提供的校区信息比较分散，信息不完整，数据格式不标准。

数据治理：对校区名称进行统一处理，映射校区对应的标准校区号，根据校区所在地理位置信息，补充校区所在市区、县、街道等详细信息，对脏数据进行转换和清洗，构建学校校区统一标准数据信息。

```
SELECT CASE  WHEN name rlike '校区1' THEN '01'
WHEN name rlike '校区2' THEN '02'
WHEN name rlike '校区3' THEN '03'
END AS XQH --校区号
,CASE WHEN name rlike '校区1' THEN '校区1'
WHEN name rlike '校区2' THEN '校区2'
WHEN name rlike '校区3' THEN '校区3'
END AS XQMC --校区名称
,'四川省' AS XXSZS --学校所在省
,IF(name rlike '校区1' OR name rlike '校区2' OR name rlike '校区3','XX 市','') AS XXSZD
,CASE WHEN name rlike '校区1' OR name rlike '校区2' THEN 'XX 区'
WHEN name rlike '校区3' THEN 'XX 区'
ELSE ''
END AS XXSZX --学校所在县区
,CASE WHEN name rlike '校区1' THEN 'XX 街道'
WHEN name rlike '校区2' THEN 'XX 街道'
```

```
    WHEN name rlike '校区3' THEN 'XX街道'
    ELSE ''
END AS XXSZXZ --学校所在乡镇
    ,CASE WHEN name rlike '校区1' THEN 'XX居委会'
    WHEN name rlike '校区2' THEN 'XX居委会'
    WHEN name rlike '校区3' THEN 'XX居委会'
    ELSE ''
END AS XXSZCWH
    ,CASE WHEN name rlike '校区1' THEN '地址1'
    WHEN name rlike '校区2' THEN '地址2'
    WHEN name rlike '校区3' THEN '地址3'
    ELSE ''
END AS XXSZMPH
    ,TRANSLATE(TRANSLATE(`location`,'[','),']','') AS XQJWD --校区经纬度
    ,post_code AS XQYZBM --校区邮政编码
    ,'**********' AS XXDM --校区代码
    FROM ${PROJECT_CODE_ODS}.ods_fcxt_campus_view_v_df
    WHERE pt = '${bdp.system.currmonth}'
    AND (NAME RLIKE '校区1' OR NAME RLIKE '校区2' OR NAME RLIKE '校区3');
```

5.4.1.2 组织架构信息

（1）人事组织架构。

存在问题：业务单位提供的源数据层级未划分，上下级组织架构关系不明确，组织机构单位代码和名称存在缺失和未更新的问题。

数据治理：根据业务系统给出的计算规则，与组织部提供的组织架构文档，对人事处单位代码和单位名称未更新的数据进行更新处理，对部门编码（dep_code）长度进行判断，区分各单位所属层级和上级单位代码信息。

```sql
, CASE WHEN (second_code = '' OR second_code IS NULL) AND dep_name ='期刊社' THEN '0322'
    WHEN dep_id='20132' THEN '9999'
    WHEN dep_id='20135' THEN '9998'
    WHEN dep_id='123' THEN '0801'
    WHEN dep_id='114' THEN '0162'
    WHEN dep_id='115' THEN '0171'
    WHEN (dep_id='116' OR dep_id='117') THEN '0163'
    WHEN dep_id='118' THEN '0164'
    WHEN dep_id='119' THEN '0172'
    WHEN dep_id='120' THEN '0165'
    WHEN dep_id='121' THEN '0173'
    WHEN dep_id='90' THEN '0316'
    WHEN (dep_id='84' OR dep_id='85' OR dep_id='86' OR dep_id='87')
THEN '0322'
    WHEN dep_id='20134' THEN '0155'
    WHEN second_code = '' THEN NULL
    ELSE second_code
    END AS dwh ——'单位代码'
, CASE WHEN dep_id='123' THEN '产业集团'
    WHEN dep_id='114' THEN '校区3临床医学院(校区3医院)'
    WHEN (dep_id='116' OR dep_id='117') THEN '校区3第二医院'
    WHEN dep_id='118' THEN '校区3口腔医学院(校区3口腔医院)'
    WHEN dep_id='120' THEN '校区3公共卫生学院(校区3第四医院)'
    WHEN (dep_id='84' OR dep_id='85' OR dep_id='86' OR dep_id='87')
THEN '期刊社'
    ELSE dep_name
    END AS dwmc ——'单位名称'
, dep_code AS bmdm ——'部门代码'
, CASE WHEN substr(dep_code,1,3) = dep_code THEN NULL
    ELSE substr(dep_code,1,6)
    END yjbmdm ——获取一级节点
```

```
, CASE WHEN substr(dep_code,1,6) = dep_code THEN NULL
ELSE substr(dep_code,1,9)
END ejbmdm ——获取二级节点
, CASE WHEN substr(dep_code,1,9) = dep_code THEN NULL
ELSE substr(dep_code,1,12)
END sjbmdm ——获取三级节点
, CASE WHEN substr(dep_code,1,length(dep_code)-3) = '' THEN NULL
WHEN dep_id IN ('115','119') THEN '001'
ELSE substr(dep_code,1,length(dep_code)-3)
END fjdbmdm ——获取父节点
, CASE WHEN dep_id IN ('123','114','115','116','117','118','119','120','121') THEN '1'
ELSE regexp_replace(round(length(dep_code)/3,0)-1,'.0','')
END AS jdcj
```

（2）行政组织架构。

存在问题：存在单位代码以字母开头和单位名称不属于学校组织架构的脏数据。

数据治理：数据源中存在多个体系，通过 fd_parentorgid（体系 ID）过滤出学校组织体系，从数据中获取所有单位信息和上级单位信息，再通过对单位代码进行正则匹配，过滤以字母开头的脏数据。

```
SELECT t1.fd_no
, t1.fd_name
, t2.fd_name AS sjbmmc
, t2.fd_no AS sjbmbm
FROM (
SELECT fd_id
, fd_no
, fd_name
, fd_parentid
FROM sccu_ods.ods_oaxt_sys_org_element_df
```

```
    WHERE pt='${bdp.system.bizdate}'
    AND fd_org_type=2
    AND fd_is_available=1
    AND fd_parentorgid='163f7f7e0bdcd1
43066fc664f408207b'
    ) t1
    LEFT JOIN
    (
    SELECT fd_id
    ,fd_no
    ,fd_name
    FROM sccu_ods.ods_oaxt_sys_org_element_df
    WHERE pt='${bdp.system.bizdate}'
    ) t2
    ON t1.fd_parentid=t2.fd_id
    ) t3
    WHERE substr(fd_no,1,1) REGEXP '[0-9]'
    AND fd_no<>'1000001';
```

（3）工会组织架构。

存在问题：工会名称有脏数据。

数据治理：通过工会单位代码过滤脏数据。

5.4.2 教职工管理域

5.4.2.1 教职工基本信息

存在问题：人事处部分数据存在空值，聘任时间到期未能及时续聘，数据不规范，标准不统一。

数据治理：为保证数据的完整性和准确性，部门数据空值会从其他系统获取补全，如教职工的电子邮箱，按照优先级顺序取多个，人事处→邮箱系统。

对时间格式转换统一规范格式 yyyy-MM-dd，通过人事处提供的证件类型名称标准映射出对应的证件类型代码，没有证件类型名称的数据通过证件号和国籍信息判断证件类型代码。对于性别为空的数据，首先判断证件类型是否为居民身份证，如果是，通过证件号码倒数第二位来判断性别；如果不是，置为 null。对于出生日期为空的数据，首先判断证件类型是否为居民身份证，如果是，截取证件号码 7 至 14 位作为出生日期；如果不是，置为空。根据人事处提供的职称规则，对编内和在岗教职工，通过技术职务代码最后一位区分正高、副高、中级、初级、员级、未定级等职称。

有效用户：通过编制类别筛选编内和编外人员，并且在岗状态筛选在岗和退休、调出留任人员，用户类型为在编人员和退休人员不判断聘期截止时间，其他用户类型判断业务日期小于聘期截止时间，状态 state=0。

无效用户：编制类别为空或者在岗状态为空或不在岗，业务日期大于聘期截止日期，状态 state=1。

通过状态值来区分有效用户、无效用户，便于为下游业务系统提供服务。

为保证手机号的准确性，取"云上川大"为唯一数据源，用户更换手机号后便于及时更新，手机号中存在空格，需要进行转化处理

```
, COALESCE ( t9. XB, IF ( LENGTH ( t1. ZJH ) = 18, IF ( PMOD
(SUBSTR(t1.ZJH,17,1),2)=1,'男','女'),NULL)) AS XB
    ,translate(t8.SJH,' ','') AS SJHM
    ,COALESCE(t1.dzxx,t2.dzxx,t2.xxyx,t3.dzxx) AS DZXX ——电子信箱
    ,COALESCE(t9.csrq,IF(LENGTH(t1.user_identity)=18,SUBSTR(t1.user_identity,7,8),NULL)) AS CSRQ ——出生日期
    ,COALESCE(CASE WHEN t1.identification_type='0' THEN IF(LENGTH(t1.user_identity)=18,'1','A')
    WHEN t1.identification_type='1' AND t4.gj='中国澳门' THEN '7'
    WHEN t1.identification_type='1' AND t4.gj='中国香港' THEN '6'
    WHEN t1.identification_type='1' AND t4.gj='中国台湾' THEN '8'
    WHEN t1.identification_type='1' AND (t4.gj is NULL OR t4.gj NOT IN ('中国台湾','中国澳门','中国香港')) THEN if(LENGTH(t1.user_identity)=18,'1','A')
    END,t4.sfzjlxsdm) AS zjlxdm ——证件类型代码
    ,CASE WHEN t4.sfzjlxsmc IS NULL AND t4.sfzjlxdm = '7' THEN '澳门特区护照/身份证明'
```

WHEN t4.sfzjlxsmc IS NULL AND t4.sfzjlxdm = '8' THEN '台湾居民来往大陆通行证'

　　WHEN t4.sfzjlxsmc IS NULL AND t4.sfzjlxdm = '6' THEN '香港特区护照/身份证明'

　　WHEN t4.sfzjlxsmc IS NULL AND t4.sfzjlxdm = '1' THEN '居民身份证'

　　WHEN t4.sfzjlxsmc IS NULL AND t4.sfzjlxdm = 'A' THEN '护照'
ELSE zjlxmc
END AS zjlxmc ——证件类型名称

　　,COALESCE(t1.user_identity,t4.sfzjh) AS ZJH ——证件号

　　,t9.zgxl AS ZGXL ——最高学历

　　,t9.zgxw AS ZGXW ——最高学位

　　,t6.dwh AS DWH ——单位号

　　,t6.dwmc AS DWMC ——单位名称

　　,FROM_UNIXTIME(UNIX_TIMESTAMP(t9.xwsj,'yyyyMMdd'),'yyyy-MM-dd') AS XWSJ ——学位时间

　　,t9.byxx AS BYXX ——毕业学校

　　,FROM_UNIXTIME(UNIX_TIMESTAMP(t9.bysj,'yyyyMMdd'),'yyyy-MM-dd') AS BYSJ ——毕业时间

　　,t9.cszy AS CSZY ——从事专业

　　,t9.gwlx AS GWLX ——岗位类型

　　,t9.xzyzj AS XZYZJ ——现职员职级

　　,t9.jszwdm AS JSZWDM ——技术职务代码

　　,t9.jszw AS JSZW ——技术职务

　　,FROM_UNIXTIME(UNIX_TIMESTAMP(t9.prsj,'yyyyMMdd'),'yyyy-MM-dd') AS PRSJ ——技术职务聘任时间

　　,t9.zjsj AS ZJSJ ——职级时间

　　,t9.bzlb AS BZLB ——编制类别

　　,t9.zgzt AS ZGZT ——在岗状态

　　,FROM_UNIXTIME(UNIX_TIMESTAMP(t9.gzsj,'yyyyMMdd'),'yyyy-MM-dd') AS GZSJ ——工作时间

,FROM_UNIXTIME(UNIX_TIMESTAMP(t9.dxsj,'yyyyMMdd'),'yyyy-MM-dd') AS LXRW ——来校日期

,t2.rcbj AS RCBJ ——人才标记

,t2.dtbs AS DTBS ——地铁标识

,t5.pqjz AS PQJZRQ ——聘期截止

,t5.qxlb AS QXLB ——期限类别

,t5.htlb AS HTLB ——合同类别

,CASE WHEN t9.bzlb IN ('编内人员','编外人员') AND t9.zgzt IN ('在岗','退休','') THEN (

CASE WHEN t1.usertype_id='1' THEN '0'

WHEN t1.usertype_id='4' THEN '0'

WHEN t5.pqjz IS NOT NULL AND DATEDIFF('${bdp.system.bizdate2}',substring_index(t5.pqjz,'T',1))>0 THEN '1' ELSE '0' END)

ELSE '1'

END AS STATE ——一卡通是否停用 0:未停用,1:停用

,t2.stbj AS STBJ ——食堂标记

,CASE WHEN t9.bzlb = '编内人员' AND t9.zgzt = '在岗' AND substr(t9.jszwdm,-1) = '1' THEN '正高'

WHEN t9.bzlb = '编内人员' AND t9.zgzt = '在岗' AND substr(t9.jszwdm,-1) = '2' THEN '副高'

WHEN t9.bzlb = '编内人员' AND t9.zgzt = '在岗' AND substr(t9.jszwdm,-1) = '3' THEN '中级'

WHEN t9.bzlb = '编内人员' AND t9.zgzt = '在岗' AND substr(t9.jszwdm,-1) = '4' THEN '初级'

WHEN t9.bzlb = '编内人员' AND t9.zgzt = '在岗' AND substr(t9.jszwdm,-1) = '5' THEN '员级'

WHEN t9.bzlb = '编内人员' AND t9.zgzt = '在岗' AND substr(t9.jszwdm,-1) = '9' THEN '未定级'

ELSE NULL

END AS ZC

,t1.usertype_id AS YHLXDM ——用户类型代码

,t1.usertype_name AS YHLXMC ——用户类型名称

```
      , FROM_UNIXTIME(UNIX_TIMESTAMP(t9.zgsj,'yyyyMMdd'),'
yyyy-MM-dd') AS ZGSJ --资格时间
      , t9.fdylb AS FDYLB --辅导员类别
      , t9.grsf AS GRSF --个人身份
      , t9.xdzzw AS XDZZW --现党政职务
      , t9.rzdw AS RZDW --任职单位
      , t9.rzsj AS RZSJ --任职时间
      , t9.zwjb AS ZWJB --职务级别
      , t9.xzzj AS XZZJ --行政职级
      , t9.xzzjsj AS XZZJSJ --行政职级时间
      , t9.ltsj AS LTSJ --离退时间
```

5.4.2.2 教职工工会信息

存在问题：工会名称有脏数据，户口所在地字段有的是代码，有的是名称；籍贯中也存在数字和特殊字符等脏数据。

数据治理：通过工会单位代码过滤脏数据，户口所在地中判断是否为代码，如果是代码，和行政区划码表进行关联匹配取对应的行政区划名称，对籍贯中的数字和特殊字符进行清洗、替换处理，对部分代码进行名称的映射，与教职工中的有效用户进行关联，区分工会中的有效用户信息和无效用户信息。

```
      , if((coalesce(t2.xzqh,t1.hkszd) REGEXP '[0-9]')=TRUE, NULL,
coalesce(t2.xzqh,t1.hkszd)) AS hkszd
      , t1.xjzdz
      , t1.ghzw
      , if(t3.gh IS NOT NULL,'0','1') AS state
FROM
(SELECT gh
      , xm
      , dwbh AS rhdwh
      , dwmc AS rhdwmc
      , fgh_id AS fghdm
      , fgh_name AS fghmc
```

```
,rhrq
,CASE WHEN js='0' THEN '管理人员'
WHEN js='1' THEN '普通职工'
WHEN js='3' THEN '校领导'
ELSE NULL
END AS ghjs
,CASE WHEN sfdb='0' THEN '否'
WHEN sfdb='1' THEN '教师代表'
WHEN sfdb='2' THEN '列席代表'
ELSE NULL
END AS sfghdb
,kffs
,CASE WHEN (jg REGEXP '[0-9]')=TRUE THEN NULL
WHEN jg='\ \ ' OR jg='-' OR jg='-' THEN NULL
ELSE jg
END AS jg
,hkszd
,xjzd AS xjzdz
,ghzw
FROM ods_xgh_v_gh_user_df
WHERE pt='${bdp.system.bizdate}'
AND dwbh NOT IN ('001','113')
```

5.4.2.3 教师评教信息

数据治理：按标准字段名进行映射。

```
GH STRING COMMENT '工号'
,XM STRING COMMENT '姓名'
,DWMC STRING COMMENT '单位名称'
,XNXQ STRING COMMENT '学年学期'
,XKRS STRING COMMENT '选课人数'
,PJRS STRING COMMENT '评教人数'
```

```
, PMB STRING COMMENT '排名比'
, CPL STRING COMMENT '参评率'
, PMBL STRING COMMENT '排名比例'
```

5.4.3 教学管理域

5.4.3.1 本科教师课表信息

数据治理：根据教务处提供的本科教师课表，关联本科课程表，完善教师课表明细数据，并按标准字段名进行映射。

```
GH STRING COMMENT '任课教师工号'
, KKXND STRING COMMENT '开课学年度'
, KKXQM STRING COMMENT '开课学期码'
, KCH STRING COMMENT '课程号'
, KCMC STRING COMMENT '课程名称'
, SKBJH STRING COMMENT '上课班级号'
, SKZC STRING COMMENT '上课周次'
, XQJ STRING COMMENT '星期几'
, DSZ STRING COMMENT '单双周'
, SKJC STRING COMMENT '上课节次'
, CXJC STRING COMMENT '持续节次'
, SKDD STRING COMMENT '上课地点'
, SKRS STRING COMMENT '上课人数'
, KSXS STRING COMMENT '考试形式' ——考核考察
, XF STRING COMMENT '学分'
, JSXS STRING COMMENT '讲授学时'
, SYXS STRING COMMENT '实验学时'
, SJXS STRING COMMENT '上机学时'
, QTXS STRING COMMENT '其他学时'
, SKXQ STRING COMMENT '上课校区'
```

5.4.3.2 本科学生课表信息

数据治理：根据教务处提供的本科学生课表，关联本科课程表，完善学生课表明细数据，并按标准字段名进行映射。

```
  XH STRING COMMENT '学号'
, KKXND STRING COMMENT '开课学年度'
, KKXQM STRING COMMENT '开课学期码'
, KCH STRING COMMENT '课程号'
, KCMC STRING COMMENT '课程名称'
, KXH STRING COMMENT '课序号'
, SKZC STRING COMMENT '上课周次'
, DSZ STRING COMMENT '单双周'
, XQJ BIGINT COMMENT '星期几'
, SKJC STRING COMMENT '上课节次'
, CXJC STRING COMMENT '持续节次'
, SKDD STRING COMMENT '上课地点'
, RKJSGH STRING COMMENT '任课教师工号'
, KCLBDM STRING COMMENT '课程类别代码'
, KCLBMC STRING COMMENT '课程类别名称'
, KSXS STRING COMMENT '考试形式' ——考试、考察、null
, XF STRING COMMENT '学分'
, JSXS STRING COMMENT '讲授学时'
, SYXS STRING COMMENT '实验学时'
, SJXS STRING COMMENT '上机学时'
, QTXS STRING COMMENT '其他学时'
, SKXQ STRING COMMENT '上课校区'
```

5.4.3.3 本科教师教学计划信息

数据治理：根据教务处提供的本科教师排课数据，过滤数据为空的字段，关联本科生课程表，并按标准字段名进行映射。

```
  GH STRING COMMENT '教师工号'
, XM STRING COMMENT '教师姓名'
, KCH STRING COMMENT '课程号'
, KXH STRING COMMENT '课序号'
, KCMC STRING COMMENT '课程名称'
, JXBH STRING COMMENT '教学班号'
, KCKSDWH STRING COMMENT '课程开设单位'
, KCKSDWMC STRING COMMENT '课程开设单位名称'
, KKXND STRING COMMENT '开课学年度'
, KKXQM STRING COMMENT '开课学期码'
, XQJ BIGINT COMMENT '上课星期'
, KSJC BIGINT COMMENT '开始节次'
, CXJC BIGINT COMMENT '持续节次'
, JXDD STRING COMMENT '教学地点'
, KRL BIGINT COMMENT '课容量'
, XDRS BIGINT COMMENT '修读人数'
, JSSZXQH STRING COMMENT '教室所在校区号'
, JSLXM STRING COMMENT '教室类型名'
, SKZCDM STRING COMMENT '上课周次代码'
, SKZCMC STRING COMMENT '上课周次名称'
, XF STRING COMMENT '学分'
, ZXS STRING COMMENT '总学时'
, KCZTMC STRING COMMENT '课程状态名称'
, JKZXS STRING COMMENT '授课总学时'
, SJZXS STRING COMMENT '设计总学时'
, SYZXS STRING COMMENT '实验总学时'
, QZSJZXS STRING COMMENT '其中上机总学时'
, KCLBMC STRING COMMENT '课程类别名称'
, JXFSMC STRING COMMENT '教学方式名称'
, KSLXMC STRING COMMENT '考试类型名称'
, KCFLMC STRING COMMENT '课程分类名称'
, RXKLBMC STRING COMMENT '任选课类别名称'
```

5.4.3.4 本科教室信息

数据治理：根据教务处提供的本科教室基本信息，过滤数据为空的字段，关联教室类别、教室类型、院系所码表，完善教室明细数据信息，教室状态可分为可用、暂停、停用三类，同时还有是否专属教室、是否可借用等标识，可以对教室的使用和分类更加明确。

```
JASH STRING COMMENT '教室号'
,JASMC STRING COMMENT '教室名称'
,JASYWMC STRING COMMENT '教室英文名称'
,JASLBDM STRING COMMENT '教室类别代码'
,JASLBMC STRING COMMENT '教室类别名称'
,XQH STRING COMMENT '校区号'
,JXLH STRING COMMENT '教学楼号'
,JXLM STRING COMMENT '教学楼名'
,JASZTDM STRING COMMENT '教室状态代码' ——01可用,02暂停,03停用
,JSYT STRING COMMENT '教室用途'
,JSGLBM STRING COMMENT '教室管理部门'
,JSGLBMDM STRING COMMENT '教室管理部门代码'
,JSMS STRING COMMENT '教室描述'
,SZLC STRING COMMENT '所在楼层'
,ZWS STRING COMMENT '座位数'
,YXZWS STRING COMMENT '有效座位数'
,KSZWS STRING COMMENT '考试座位数'
,FJH STRING COMMENT '房间号'
,JZWH STRING COMMENT '建筑物号'
,SFZSJS STRING COMMENT '是否专属教室'
,SFKJY STRING COMMENT '是否可借用'
```

5.4.3.5 本科课程信息

数据治理：根据教务处提供的本科课程信息，过滤数据为空的字段，关联课程状态、课程类别、课程级别、教学方式、考试类型、课程分类、任选课类

别、院系所码表，完善本科课程维表信息，并按标准字段名进行映射。

```
  KCH STRING COMMENT '课程号'
, KCMC STRING COMMENT '课程名称'
, YWKCM STRING COMMENT '课程英文名'
, KKXSH STRING COMMENT '开课系所号'
, KKXSMC STRING COMMENT '开课系所名称'
, BYBZ STRING COMMENT '本研备注'
, XF STRING COMMENT '学分'
, XS STRING COMMENT '学时'
, KCZTDM STRING COMMENT '课程状态代码'
, KCZTMC STRING COMMENT '课程状态名称'
, XXKCH STRING COMMENT '选修课程号'
, SJZXS STRING COMMENT '实讲总学时'
, SYZXS STRING COMMENT '实验总学时'
, KWZXS STRING COMMENT '课外总学时'
, KWXF STRING COMMENT '课外学分'
, KCLBDM STRING COMMENT '课程类别代码'
, KCLBMC STRING COMMENT '课程类别名称'
, KCJBDM STRING COMMENT '课程级别代码'
, KCJBMC STRING COMMENT '课程级别名称'
, JXFSDM STRING COMMENT '教学方式代码'
, JXFSMC STRING COMMENT '教学方式名称'
, KSLXDM STRING COMMENT '考试类型代码'
, KSLXMC STRING COMMENT '考试类型名称'
, XQH STRING COMMENT '校区号'
, KCFLDM STRING COMMENT '课程分类代码'
, KCFLMC STRING COMMENT '课程分类名称'
, RXKLBDM STRING COMMENT '任选课类别代码'
, RXKLBMC STRING COMMENT '任选课类名称'
, LLXS STRING COMMENT '理论学时'
, JSGH STRING COMMENT '教师工号'
```

5.4.3.6 本科专业信息

数据治理：根据教务处提供的本科专业信息，关联学科门类和院系所码表，完善本科专业维表信息，并按标准字段名进行映射。

```
ZYH STRING COMMENT '专业号'
,ZYMC STRING COMMENT '专业名称'
,XSH STRING COMMENT '院系号'
,XSMC STRING COMMENT '院系名称'
,XKMLM STRING COMMENT '学科门类码'
,XKMLMC STRING COMMENT '学科门名称'
,ZYYWXM STRING COMMENT '专业英文名'
,ZYDTRXM STRING COMMENT '专业带头人姓名'
,ZYJC STRING COMMENT '专业简称'
,GJZYMC STRING COMMENT '国际专业名称'
,ZYJJ STRING COMMENT '专业简介'
,ZYDM STRING COMMENT '专业代码'
,ZYFL STRING COMMENT '专业分类'
,KCH STRING COMMENT '课程号'
,JLSJ STRING COMMENT '建立时间'
,PZJLSJ STRING COMMENT '批准建立时间'
,PZJLWH STRING COMMENT '批准建立文号'
,DWH STRING COMMENT '单位号'
```

5.4.3.7 研究生专业信息

数据治理：根据研究生院提供的研究生专业信息，关联学科门类码表，完善研究生专业维表信息，并按标准字段名进行映射。

```
ZYH STRING COMMENT '专业号'
,ZYMC STRING COMMENT '专业名称'
,SFSY STRING COMMENT '是否使用'
,MC STRING COMMENT '专业唯一名称'
,YWMC STRING COMMENT '英文名称'
```

```
, ZYLX STRING COMMENT '专业类型' ——学术2专业
, YJXK STRING COMMENT '一级学科'
, XKMLDM STRING COMMENT '学科门类代码'
, XKMLMC STRING COMMENT '学科门类名称'
```

5.4.3.8 研究生课程信息

数据治理：根据研究生院提供的研究生课程信息，过滤数据为空的字段，关联课程性质、授课方式、开课状态、考试类型、课程层次、课程分类、院系所码表，完善研究生课程维表信息，并按标准字段名进行映射。

```
KCH STRING COMMENT '课程号'
, KCMC STRING COMMENT '课程名称'
, KCYWMC STRING COMMENT '课程英文名称'
, KKDWH STRING COMMENT '开课单位号'
, KKDWMC STRING COMMENT '开课单位名称'
, XF STRING COMMENT '学分'
, ZXS STRING COMMENT '总学时'
, KCXZDM STRING COMMENT '课程性质代码'
, KCXZMC STRING COMMENT '课程性质名称'
, SKFSDM STRING COMMENT '授课方式代码'
, SKFSMC STRING COMMENT '授课方式名称'
, KKZTDM STRING COMMENT '开课状态代码'
, KKZTMC STRING COMMENT '开课状态名称'
, KSLXDM STRING COMMENT '考试类型代码'
, KSLXMC STRING COMMENT '考试类型名称'
, KCCCDM STRING COMMENT '课程层次代码'
, KCCCMC STRING COMMENT '课程层次名称'
, KCFLDM STRING COMMENT '课程分类代码'
, KCFLMC STRING COMMENT '课程分类名称'
```

5.4.4 科研管理域

5.4.4.1 科技论文信息

存在问题：论文名称、作者姓名中存在脏数据，日期格式不一致，字母大小写不统一。

数据治理：通过函数对论文名称、作者姓名中的脏数据进行清洗和转换，统一日期格式为yyyy-MM-dd，统一时间格式为yyyy-MM-dd HH：mm：ss。同一论文中有多个收录数据库名的，通过自定义函数对收录数据库进行排序；论文名称和期刊名称字母大小写不统一的，通过函数统一转化为大写字母，并按标准字段名进行映射。

```
,upper(regexp_replace(translate(t1.title,'*',''),'<SUP>|</SUP>|<SUB>|</SUB>','')) AS lwmc——论文名称
,regexp_replace(t1.author,'<sup>|</sup>|[0-9]|,','') AS lwzz——作者姓名
,upper(t1.basic_sourcename) AS qkm ——期刊名
,translate(t1.basic_date_time,'.','-') AS fbrq——发表日期
,lw_sjk_sort(t1.proc_enbody_name) AS slsjk——收录数据库
,if(t1.proc_enbody_name LIKE '%高被引%','是','否') AS sfgby——是否高被引
,date_format(t1.res_create_time,'yyyy-MM-dd HH:mm:ss') AS create_time
,date_format(t1.modify_time,'yyyy-MM-dd HH:mm:ss') AS update_time
```

5.4.4.2 专利成果信息

存在问题：数据中存在脏数据，日期格式不统一。

数据治理：通过函数对专利发明人中的脏数据进行清洗和转换，统一日期格式为yyyy-MM-dd，统一时间格式为yyyy-MM-dd HH：mm：ss，并按标准字段名进行映射。

```
    ,regexp_replace(translate(t1.author,'▲|▼',''),',',';') as zlfmr－－
专利发明人
    ,translate(t1.basic_date_time,'.','-') AS sqrq－－申请日期
    ,translate(t1.zl_gk_day,'.','-') AS gkrq－－公开日期
    ,date_format(t1.res_create_time,'yyyy－MM－dd HH:mm:ss') AS
create_time
    ,date_format(t1.modify_time,'yyyy－MM－dd HH:mm:ss') AS
update_time
```

5.4.4.3 科技著作信息

数据治理：统一日期格式为 yyyy－MM－dd，统一时间格式为 yyyy－MM－dd HH:mm:ss，并按标准字段名进行映射。

```
    ,translate(t1.basic_date_time,'.','-') AS cbrq －－出版日期
    ,date_format(t1.res_create_time,'yyyy－MM－dd HH:mm:ss') AS
create_time
    ,date_format(t1.modify_time,'yyyy－MM－dd HH:mm:ss') AS
update_time
```

5.4.5 学生管理域

5.4.5.1 本科基本信息

存在问题：在籍学生区分不明确，部分证件类型不准确，预计毕业日期为空，院系代码和院系名称未更新，本科生中存在研究生。

数据治理：对日期进行格式化统一处理为 yyyy－MM－dd 格式，通过学生籍贯和特殊学生类型代码来判断是否为港澳台学生，根据学校学号编码规则进行是否为留学生的判断，对证件类型为空的数据进行补全，留学生的证件类型为 A（护照），证件号码为空置，证件号码为 18 位的补全位 1（居民身份证）。对于性别为空的数据，首先判断证件类型是否为居民身份证，若是，再对倒数第二位数字进行取模；若证件类型为护照或港澳台通行证，则默认为空。对于出生日期为空的数据，首先判断证件类型是否为居民身份证，若是，

截取证件号 7~14 位作为出生日期；若不是，置为空。手机号取多个数据源，顺序为"云上川大"、一卡通系统、学工系统、教务系统，若为空，则取下一个。电子邮箱首先取自教务处，若为空，则按学校为学生申请邮箱的统一规则，根据学号和固定后缀进行拼接，作为学生的电子邮箱。教务处对每个学院有一套单独的编码规则，通过与学校的组织机构代码关联，映射出学生所在学院对于学校统一的单位编码，对于预科教育学生，根据学号规则将第 5~8 位为 904 划分到党委学生工作部（处），其余根据教务处给学生分配的所在学院代码进行划分。由于教务处班级号和班级名称一样，经沟通对班级名称进行自定义拼接，拼接规则为：学生专业名称＋年级代码后 2 位＋级＋班级号后四位＋级。对于预计毕业时间为空的数据，通过年级代码加学制得到预计毕业年份，当年的 7 月 1 日作为学生的预计毕业时间。通过逻辑加工，对学生的在籍状态分为三类：在籍本科生、在籍研究生、非在籍。

在籍研究生判断逻辑：教务处学生信息与研究生在籍学生信息通过学号关联，在籍研究生信息中的学号不为空，则为在籍研究生。

在籍本科生判断逻辑：首先根据教务处提供是否有学籍进行判断，若为否，则为非在籍学生；其次判断毕业日期是否为空，若不为空，判断毕业日期是否大于当前日期，若大于等于当前日期，则为在籍，若小于当前日期，则为非在籍（8 年制的学生不做判断），若毕业日期为空，学生的学制年限和年级代码相加当年的 7 月 1 日与当前日期进行比较，若大于等于当前日期，则为在籍学生，若小于当前日期，则为非在籍学生。

```
    , CAST ( CAST ( SUBSTR ( '${bdp.system.currmonth}', 1, 4) -
SUBSTR(t1.CSRQ,1,4) AS INT) AS STRING) AS NL --年龄
    ,CASE WHEN NVL(t1.XB,'') != '' THEN XB
    WHEN NVL(t1.XB,'') = '' AND LENGTH(t1.SFZH) = 18 THEN
IF(PMOD(SUBSTR(t1.SFZH,17,1),2) = 0,'女','男')
    ELSE NULL
    END AS XB --性别
    ,t1.GJDM --国籍代码
    ,t2.GJMC AS GJ --国籍
    ,COALESCE(t1.JG,t6.JG) AS JG --籍贯
    ,t1.MZDM AS MZDM --民族代码
```

,IF((t1.JG RLIKE '香港' OR t1.JG RLIKE '澳门' OR t1.JG RLIKE '台湾' OR t1.JG RLIKE '华侨') OR (t1.TSXSLXDM = '4' OR t1.TSXSLXDM = '9') OR t1.SFLXS = '是','是','否') AS SFGATQW ——是否港澳台侨外

,COALESCE(t3.MZMC,t6.MZ) AS MZ ——民族

,COALESCE(t16.SJH,t15.SJH,t6.SJH,t17.SJH,t19.SJH) AS SJHM ——手机号码

,COALESCE(t17.DZXX,t19.DZXX,CONCAT(t1.xh,'@stu.scu.edu.cn')) AS DZXX ——电子信箱

,t1.CSRQ ——出生日期

,t6.HKLX ——户口类型

,CASE WHEN t21.XH IS NOT NULL AND substr(t1.XH,5,1)='5' THEN 'A'

ELSE t1.SFZJLXDM

END AS SFZJLXDM ——身份证件类型代码

,CASE WHEN t21.XH IS NOT NULL AND substr(t1.XH,5,1)='5' THEN '护照'

ELSE COALESCE(t4.SFZMC,t20.ZJLX)

END AS ZJLX ——证件类型

,CASE WHEN t21.XH IS NOT NULL AND substr(t1.XH,5,1)='5' THEN t21.ZJH

ELSE COALESCE(t1.SFZH,t20.ZJH)

END AS ZJH ——证件号

,t1.ZZMMDM ——政治面貌代码

,COALESCE(t5.ZZMM,t6.ZZMM) AS ZZMM ——政治面貌

,COALESCE(t1.RXRQ,t6.RXSJ) AS RXRQ ——入学日期,格式 yyyyMMdd

,COALESCE(t1.NJDM,t6.NJ) AS NJDM ——年级代码

,t1.RXNJDM ——入学年级代码

,CASE WHEN SUBSTR(t1.xh,5,3)='904' THEN '0406'

WHEN SUBSTR(t1.xh,5,3)='905' THEN '0503'

WHEN t1.xsh='602' THEN '-99' ——mq20230404 update

ELSE t7.dwh

END AS DWH ——单位号

,CASE WHEN SUBSTR(t1.xh,5,3)='904' THEN '党委学生工作部(处)'

WHEN SUBSTR(t1.xh,5,3)='905' THEN '教务处'

ELSE t7.dwmc

END AS DWMC ——单位名称

,t1.XSH AS YXDM ——院系代码(系所号)

,t1.XQH ——校区号(01—校区1,02—校区2,03—校区3)

,COALESCE(t1.BJH,t6.BJDM) AS BJH ——班级号

, COALESCE (CONCAT (NVL (t8. zymc, ''), NVL (SUBSTR (t1.NJDM,－2),''),'级',SUBSTR(t1.BJH,－4),'班'),t6.BJMC) AS BJMC ——班级名称

,COALESCE(t1.ZYDM,t6.ZYDM) AS ZYDM ——专业代码

,COALESCE(t8.ZYMC,t6.ZYMC) AS ZYMC ——专业名称

,t8.XKMLH AS XKMLDM ——学科门类码

,t8.XKMLMC ——学科门名称

,t1.XZLXDM ——学制类型代码

,t9.XZLXMC AS XZ ——学制

,t9.XZNX ——学制年限

,t1.SFLXS ——是否留学生

,CASE WHEN t14.XH IS NOT NULL THEN '2'

WHEN t14.XH IS NULL AND t1.SFYXJ='否' THEN '1'

WHEN t14.XH IS NULL AND t1.BYRQ is NOT null THEN (CASE WHEN t1.BYRQ >= '\${bdp.system.bizdate}' THEN '0'

WHEN t1.XZLXDM <> '04' AND t1.BYRQ < '\${bdp.system.bizdate}' AND date_format(date_sub('\${bdp.system.bizdate2}',10),

'yyyyMMdd') >= t1.BYRQ THEN '1' ELSE '0' END)

WHEN t14.XH IS NULL AND t1.XZLXDM='01' AND datediff('\${bdp.system.bizdate2}',concat(cast(t1.NJDM+4 as INT),'-07-01'))>=1 THEN '1'

```
        WHEN t14.XH IS NULL AND t1.XZLXDM='02' AND datediff('
${bdp.system.bizdate2}',concat(cast(t1.NJDM+5 as INT),'-07-01'))>
=1 THEN '1'
        WHEN t14.XH IS NULL AND t1.XZLXDM='04' AND datediff('
${bdp.system.bizdate2}',concat(cast(t1.NJDM+8 as INT),'-07-01'))>
=1 THEN '1'
        WHEN t14.XH IS NULL AND t1.XZLXDM='10' AND datediff('
${bdp.system.bizdate2}',concat(cast(t1.NJDM+1 as INT),'-07-01'))>
=1 THEN '1'
        ELSE '0'
        END AS STATE --STATE (0-在籍,1-非在籍,2-在本校研究生学籍)
        ,t10.FDYGH--辅导员工号
        ,t10.FDYXM--辅导员姓名
        ,CONCAT(CAST(SUBSTR(t1.NJDM,1,4) + t9.XZNX AS INT),
'-07-01') AS YJBYSJ --预计毕业时间,格式 yyyy-MM-dd
        ,IF(t13.XH IS NULL,'否','是') AS SFZS --是否住宿
        ,CONCAT(t13.LY,'/',t13.LC,'楼层/',t13.FJ,'房间/',t13.CW,'床')
AS SSDZ --宿舍地址
        ,t1.SFYXJ --是否有学籍
        ,t1.SFYGJXJ --是否有国家学籍
        ,t1.TSXSLXDM --特殊学生类型代码
        ,t1.XJZTDM --学籍状态代码
        ,IF(t1.BYRQ='1',NULL,BYRQ) AS BYRQ --毕业日期
```

5.4.5.2 研究生基本信息

存在问题：在籍学生区分不明确，校区、证件类型代码与名称不标准，性别、出生日期、电子邮箱等部分数据为空。

数据治理：对日期进行格式化，统一处理为 yyyy-MM-dd 格式，通过学生籍贯和是否留学字段来判断是否为港澳台学生，根据学校学号编码规则判断是否为留学生。研究生院对于证件类型代码和名称有专属的编码规则，通过与教育部代码标准进行匹配映射，转换为标准的代码和名称，对与证件类型为空的数据进行补全，留学生的证件类型为 A（护照），证件号码为空置，证件号码

为 18 位的补全位 1（居民身份证）。对于性别为空的数据，首先判断证件类型是否为居民身份证，若是，通过对倒数第二位数字进行取模；若证件类型为护照或港澳台通行证，则默认为空。对于出生日期为空的数据，首先判断证件类型是否为居民身份证，若是，截取证件号码 7~14 位作为出生日期；若不是，则置为空。手机号取多个数据源，顺序为"云上川大"、研究生院、学工系统、一卡通系统，若为空，则取下一个。电子邮箱首先取自研究生院，若为空，则按学校为学生申请邮箱的统一规则，根据学号和固定后缀进行拼接，作为学生的电子邮箱。对提供的一些代码通过与教育部标准代码进行关联匹配，获取对应的代码和名称。通过逻辑加工，将学生的在籍状态分为两类：在籍研究生、非在籍学生。

在籍研究生判断逻辑：实际毕业时间为空并且学生类别不为同等学力科学学位博士、同等学力专业学位博士、同等学力科学学位硕士、同等学力专业学位硕士、323 本科生、本科生，并且是否在校字段为在校或休学，并且学籍异动名称不为毕业、退学、死亡、放弃入学资格、毕业且授位，预计毕业日期小于当前日期或预计毕业日期为空，根据学生类别和学制年限、年级代码计算规则，获得预计毕业年份，将当年 9 月 30 日与当前日期进行比较，若小于当前日期，为非在籍学生，若大于等于当前日期，为在籍研究生。

```
    CASE WHEN t1.xbdm = '1' THEN '男'
    WHEN t1.xbdm = '2' THEN '女'
    WHEN NVL(t1.xbdm,'') = '' AND LENGTH(t1.zjhm) = 18 THEN
IF(PMOD(SUBSTR(t1.zjhm,17,1),2) = 0,'女','男')
    ELSE NULL
    END AS xb ——性别
    ,IF(NVL(t1.csrq,'') = '',IF(LENGTH(t1.zjhm)=18,FROM_
UNIXTIME(
    UNIX_TIMESTAMP(SUBSTR(t1.zjhm,7,8),'yyyyMMdd'),'yyyy-
MM-tt1'),NULL),t1.csrq) AS CSRQ ——出生日期
    ,t1.jgdm AS JGDM ——籍贯代码
    ,CONCAT(t2.SSSFMC,t2.XZQH) AS JG ——籍贯
    ,t1.mzdm AS MZDM ——民族代码
    ,t3.mz AS MZ ——民族
    ,t1.gjdqdm AS GJDM ——国籍代码
```

第5章 数据治理

```
,t4.gj AS GJ ——国籍
,CASE WHEN t1.zjlxdm IN ('01','1','04') THEN '1'
WHEN t1.zjlxdm='02' THEN '2'
WHEN t1.zjlxdm IN ('03','07') THEN '6'
WHEN t1.zjlxdm IN ('06','05') THEN 'A'
WHEN t1.zjlxdm IS NULL AND t1.zjhm is NOT NULL AND LENGTH(ZJHM) = 18 THEN '1'
WHEN t1.zjlxdm IS NULL AND t1.zjhm is NOT NULL AND LENGTH(ZJHM) <> 18 THEN 'A'
ELSE 'Z'
END AS zjlxdm ——证件类型代码
,COALESCE(t5.sfzmc,t10.zjlx) AS ZJLXMC ——证件类型名称
,COALESCE(t1.zjhm,t10.sfzh) AS ZJH ——证件号
,t1.zzmmdm AS ZZMMDM ——政治面貌代码
,t8.zzmm AS ZZMM ——政治面貌
,COALESCE(t1.dzyx,concat(t1.XH,'@stu.scu.edu.cn')) AS DZYX ——电子邮箱
,COALESCE(t1.sjhm,t13.sjh,t10.sjh,t20.sjh) AS SJHM ——手机号码
,t1.xjydztdm AS XJYDZTDM ——学籍异动状态代码
,t1.xjztdm AS XJZTDM ——学籍状态代码
,t1.yjbysj AS YJBYSJ ——预计毕业时间
,t1.sjbysj AS SJBYSJ ——实际毕业时间
,t1.sfzx AS SFZX ——是否在校
,t1.rxny AS RXRQ ——入学年月
,t1.xslbdm AS XSLBDM ——学生类别代码
,t18.xslbmc AS XSLBMC ——学生类别名称
,COALESCE(t1.sznj,t10.NJ) AS NJDM ——年级代码
,t14.xqh AS XQH ——校区号(01—校区1,02—校区2,03—校区3)
,t1.zydm AS ZYDM ——专业代码
,t16.zymc AS ZYMC ——专业名称
```

```
,CONCAT(t1.xzdm,'年制') AS XZ --学制
,t1.mldm AS XKMLDM --学科门类代码
,t17.xkmlmc AS XKMLMC --学科门类名称
,t1.pyfsdm --培养方式代码
,CASE WHEN t1.SJBYSJ IS NULL AND t1.XSLBDM NOT in ('03',
'04','16','17','51','52') AND (t1.sfzx='0' OR t1.sfzx='2' AND t1.
XJYDZTDM NOT in ('10','6','14','16','17')) THEN(
   CASE WHEN t20.ryh is null THEN '0'
   WHENdatediff(t1.yjbysj,date_add('${bdp.system.bizdate2}',1))<0
OR t1.yjbysj IS NULL THEN (
      CASE WHEN t19.MC='博士' and t1.XZDM='5' and datediff('${bdp.
system.bizdate2}',concat(cast(t1.SZNJ+8 as INT),'-09-30'))>0
THEN '1'
      WHEN t19.MC='博士' and t1.XZDM<>'5' and datediff('${bdp.
system.bizdate2}',concat(cast(t1.SZNJ+6 as INT),'-09-30'))>0
THEN '1'
      WHEN t19.MC='硕士' and t1.ZYDM in ('125100','125101','125102')
AND datediff('${bdp.system.bizdate2}',concat(cast(t1.SZNJ+5 as INT),
'-09-30'))>0 THEN '1'
      WHEN t19.MC='硕士' and t1.XZDM='2' and datediff('${bdp.
system.bizdate2}',concat(cast(t1.SZNJ+3 as INT),'-09-30'))>0
THEN '1'
      WHEN t19.MC='硕士' and t1.XZDM='3' and datediff('${bdp.
system.bizdate2}',concat(cast(t1.SZNJ+4 as INT),'-09-30'))>0
THEN '1'
   ELSE '0' END )
   ELSE '0' END )
   ELSE '1'
END AS STATE --STATE(0-在籍,1-非在籍)
,t1.yjfx --研究方向
,t1.xwlxdm --学位类型代码
,t1.pyccdm --培养层次代码
```

```
,t19.MC AS pyccmc ——培养层次名称
,IF(t21.XH IS NULL,'否','是') AS SFZS ——是否住宿
,t22.pyfsmc AS PYFSMC——培养方式名称
,CASE WHEN t1.xwlxdm='1' THEN '学术学位'
WHEN t1.xwlxdm='2' THEN '专业学位'
ELSE NULL ——学位类型名称
END AS XWLXMC ——学籍异动状态名称
,t24.xjydztmc AS XJYDZTMC
```

5.4.5.3 本科成绩信息

存在问题：时间格式不统一。

数据治理：对时间格式进行统一处理，关联本科课程维表，补全有关课程的信息，通过课程属性字段可以区分必修课和选修课，通过补考方式说明字段将学生成绩分为正考、缓考和补考成绩，筛选正考的学生成绩，通过对学年、学期、课程号分区，对考试成绩进行排序，得出本学年某一学期学生在本课程的排名情况。

```
,from_unixtime(unix_timestamp(a.ksrq,'yyyyMMdd'),'yyyy-MM-dd') AS ksrq——考试日期
,CASE WHEN length(a.cjlrsj)=12 THEN from_unixtime(unix_timestamp(a.cjlrsj,'yyyyMMddHHmm'),'yyyy-MM-dd HH:mm:ss')
ELSE from_unixtime(unix_timestamp(a.cjlrsj,'yyyyMMddHHmmss'),'yyyy-MM-dd HH:mm:ss')
END AS cjlrsj ——成绩录入时间
,dense_rank() OVER (PARTITION BY xn,xq,kch ORDER BY kccj DESC) AS KCCJPM ——课程成绩排名
```

5.4.5.4 本科生学籍异动信息

存在问题：日期格式不统一，存在脏数据。

数据治理：通过函数将所有时间格式进行统一处理，将日期中存在的脏数据转换为空，关联学籍异动类别码表和学籍异动原因码表，完善明细层数据信息。

```
,CASE WHEN YBYRQ='1' THEN NULL
    WHEN length(YBYRQ)=6 THEN
from_unixtime(unix_timestamp(YBYRQ,'yyyyMM'),'yyyy-MM-dd')
    WHEN length(YBYRQ)=8 THEN
from_unixtime(unix_timestamp(YBYRQ,'yyyyMMdd'),'yyyy-MM-dd')
    ELSE NULL
    END AS YBYRQ --原毕业日期
,CASE WHEN YDHBYRQ='1' THEN NULL
    WHEN length(YDHBYRQ)=6 THENfrom_unixtime(unix_timestamp(YDHBYRQ,'yyyyMM'),'yyyy-MM-dd')
    WHEN length(YDHBYRQ)=8 THEN from_unixtime(unix_timestamp(YDHBYRQ,'yyyyMMdd'),'yyyy-MM-dd')
    ELSE NULL
    END AS YDHBYRQ --现毕业日期
```

5.4.5.5 研究生学籍异动信息

数据治理：根据研究生院提供的学生学籍异动信息，关联学生培养层次和学生类别、培养方式、学院码表，完善研究生学籍异动明细表，按照标准字段名进行映射。

5.4.5.6 用人单位基本信息

数据治理：根据就业系统提供的用人单位信息，按照标准字段名进行映射。

5.4.5.7 用人单位招聘岗位信息

数据治理：根据就业系统提供的用人单位招聘岗位信息，按照标准字段名进行映射。

5.4.5.8 学生住宿异动信息

数据治理：根据后保部-宿管系统提供学生的住宿异动信息，包括学生入住、退宿、调宿-入住、对调-入住、对调-退宿、调宿-退宿等异动状态，对时间进行统一格式化处理，根据学生学号分组，对创建时间进行排序，获取学生住宿异动次数。

5.4.5.9 学生住宿信息

存在问题：后保部－宿管系统提供学生的住宿信息。

数据治理：通过校区名称映射出对应的校区号，对楼宇、楼层、房间号、层位号进行拼接，获取学生的详细住宿信息，如果学生所在楼宇、楼层、房间号不为空，则该学生为在校住宿生。

```
,CASE WHEN areaName RLIKE '校区1' THEN '01'
WHEN areaName RLIKE '校区2' THEN '02'
WHEN areaName RLIKE '校区3' THEN '03'
ELSE NULL
END AS XQH ――校区号(01－校区1,02－校区2,03－校区3)
,CONCAT(building_name,'－',floor_name,'楼－',room_name,'房间－',beds_name,'床') AS SSDZ ――宿舍地址
```

5.4.6 行为管理域

5.4.6.1 用户通行记录信息

存在问题：时间格式不统一，码表代码定义不规范。

数据治理：通过函数对通行记录时间进行格式化处理，统一格式为yyyy－MM－dd HH：mm：ss，对数据中的代码进行标准化映射，并对处理后的数据按标准字段名进行映射。

```
,date_format(traffic_time,'yyyy-MM-dd HH:mm:ss') AS txsj ――通行时间
,CASE WHEN device_type='0' THEN '进口'
WHEN device_type='1' THEN '出口'
ELSE NULL
END AS device_type ――通道类型
,CASE WHEN school_code='1' THEN '校区1'
```

```
        WHEN school_code='2' THEN '校区2'
        WHEN school_code='3' THEN '校区3'
        ELSE NULL
        END AS xqmc ——校区名称
        ,CASE WHEN use_type='0' THEN '大门'
        WHEN use_type='1' THEN '楼宇'
        ELSE '未定'
        END AS sbwzlx ——设备位置类型
        ,device_ip ——设备ip
```

5.4.6.2 一卡通商户信息

存在问题：商户所在校区不规范。

数据治理：统一规范商户所在校区，通过商户代码区分商户类型是否为食堂。

```
        ,CASE  WHEN ORGNAME LIKE '%校区2%' THEN '校区2'
        WHEN ORGNAME LIKE '%校区1%' THEN '校区1'
        WHEN ORGNAME LIKE '%校区3%' THEN '校区3'
        ELSE '其他'
        END AS xqmc ——校区名称
```

5.4.6.3 一卡通消费信息

存在问题：时间格式不统一，没有人员类型。

数据治理：一卡通系统的消费明细数据，通过函数对时间进行格式化统一处理，根据人员编号规则，大类分为学生、教职工和其他人员，再为细致划分学生可以划分为本科生、博士生、硕士生、留学生、成教、网络、其他学生，关联一卡通商户维表和一卡通设备维表，取商户名称、商户类型和设备名称。

```
        ,date_format(dealdatetime,'yyyy-MM-dd HH:mm:ss') AS xfsj ——'交易时间'
        ,CASE WHEN length(personno) = 13 THEN '学生'
```

```
        WHEN substr(personno,1,2) = 'bh' OR length(personno) = 8
THEN '教职工'
        ELSE '其他'
        END rydlmc
        ,CASE WHENsubstr(personno,1,2)='bh' OR length(personno)=8
THEN '教职工'
        WHEN length(personno) = 13 AND substr(personno,1,1) rlike '^\
\d+$' AND substr(personno,5,2) IN ('14','15','17','18','41') THEN '本科'
        WHEN length(personno) = 13 AND substr(personno,1,1) rlike '^\ \d+
$' AND substr(personno,5,2) IN ('21','22','23','24','42') THEN '硕士'
        WHEN length(personno) = 13 AND substr(personno,1,1) rlike '^\ \d+
$' AND substr(personno,5,2) IN ('31','32','33','34','43') THEN '博士'
        WHEN length(personno) = 13 AND substr(personno,1,1) rlike '^\
\d+$' AND substr(personno,5,2) IN ('51','52') THEN '留学生'
        WHEN length(personno) = 13 AND substr(personno,1,1) rlike '^\
\d+$' AND substr(personno,5,2) IN ('60') THEN '培训生'
        WHEN length(personno) = 13 AND substr(personno,1,1) rlike '^\
\d+$' AND substr(personno,5,2) IN ('70') THEN '成教'
        WHEN length(personno) = 13 AND substr(personno,1,1) rlike '^\
\d+$' AND substr(personno,5,2) IN ('80') THEN '网络'
        WHEN length(personno) = 13 AND substr(personno,1,1) rlike '^\
\d+$' AND substr(personno,5,2) IN ('90') THEN '其他学生'
        WHEN length(personno) = 13 AND substr(personno,1,1) = 'S'
AND substr(personno,2,6) rlike '^\ \d+$' THEN '硕士'
        WHEN length(personno) = 13 AND substr(personno,1,1) = 'b'
AND substr(personno,2,6) rlike '^\ \d+$' THEN '博士'
        ELSE '其他人员'
        END ryxlmc
        ,shlx ——商户类型(1—餐厅,2—其他)
```

5.4.6.4 一卡通用户信息

存在问题：时间格式不统一。

数据治理：通过函数对时间进行格式化统一处理，根据人员号进行分组，对卡片注册时间进行排序处理，并按标准字段名进行映射。

```
    PERSONNO AS RYH ——人员号
   ,PERSONNAME AS XM ——姓名
   ,SEX AS XB ——性别
   ,STATUSCODE AS SFDM ——身份代码
   ,STATUSNAME AS SFMC ——身份名称
   ,DEPTNAME AS SSBM ——所属部门
   ,CARDSORTCODE AS YHKLBDM ——用户卡类别代码
   ,CARDSORTNAME AS YHKLBMC ——银行卡类别名称
   ,IDNO AS SHZJH ——身证证件号
   ,CARDID AS JYKH ——交易卡号
   ,OLDCARDID AS JJYKH ——旧交易卡号
   ,date_format(KPZCSJ,'yyyy-MM-dd HH:mm:ss') AS KPZCRQ ——卡片注册日期
   ,VALIDITYDATE AS KPYXQ ——卡片有效期
   ,ENDCODE AS KPZTDM ——卡片状态代码
   ,CARDSERIAL AS KPXLH ——卡片序列号
   ,row_number() OVER(PARTITION BY PERSONNO ORDERBY kpzcsj DESC) AS DSDJZK ——倒数第几张卡
   ,CARDBALANCE AS JYHYE ——交易后余额
   ,CARDTIMES AS LJYKCS ——累计用卡次数
```

5.4.7 财务管理域

5.4.7.1 学生缴费信息

数据治理：财务处提供的学生缴费明细数据，与收费项目码表关联，按标准字段名进行映射。

```
  XH STRING COMMENT '学号'
 ,SFXMDM STRING COMMENT '收费项目代码'
 ,SFXMMC STRING COMMENT '收费项目名称'
 ,KZNY STRING COMMENT '开账年月'
 ,SFXN STRING COMMENT '收费学年'
 ,YSJE STRING COMMENT '应收金额'
 ,YJJE STRING COMMENT '已交金额'
 ,TKJE STRING COMMENT '退款金额'
 ,JMJE STRING COMMENT '减免金额'
 ,QFJE STRING COMMENT '欠费金额'
 ,ZHGXSJ STRING COMMENT '最后更新时间'
```

5.4.8 资产管理域

5.4.8.1 建筑物基本信息

数据治理：根据资产处提供的建筑物楼宇信息，与校区、园区码表关联，对建筑物面积为空的数据用 0 进行填充，对校区号和校区名称进行标准化处理，所属校外的建筑物校区号设定默认值 99，按标准字段名进行映射。

```
  ,t1.bb_id AS JZWH --建筑物号
  ,t1.bb_name AS JZWMC --建筑物名称
  ,'1' AS JZWCQM --建筑物产权码(1-学校独立产权,2-产权非学校
但独立使用,3-产权非属学校共同使用),资产处反馈提供的视图都为学校
独立产权
  ,IF(NVL(t1.bb_use_area,'') = '','0',t1.bb_use_area) AS
ZSYMJ --总使用面积
  ,IF(NVL(t1.bb_floor_area,'') = '','0',t1.bb_floor_area) AS
ZJZMJ --总建筑面积
  ,IF(NVL(t1.bb_overground_area,'') = '','0',t1.bb_overground_
area) AS DSMJ --地上面积
```

```
, IF(NVL(t1.bb_underground_area,'') = '','0',t1.bb_underground_
area) AS DXMJ ——地下面积
, IF(NVL(t1.bb_overground_floor_no,'') ='','0',t1.bb_overground_
floor_no) AS DSCS ——地上层数
, IF (NVL (t1. bb _ underground _ floor _ no, '') = '', '0', t1. bb _
underground_floor_no) AS DXCS ——地下层数
,CASE WHEN t2.XQ = '校区1' THEN '01'
WHEN t2.XQ = '校区2' THEN '02'
WHEN t2.XQ = '校区3' THEN '03'
ELSE'99' ——未知(如校外)
END AS XQH ——校区号
,t3.name AS SZYQ ——所在园区
,t1.certificate_holder AS SYQR ——所有权人
,t1.certificate AS QSZH ——权属证号
,t1.certificate_no AS QSZM ——权属证明
,t1.certificate_date AS FZRQ ——发证日期
,t1.property_right AS CQXS ——产权形式(01-有产权,02-无产权,
03-待界定)
,t1.attribute_code AS LYLX ——楼宇类型(GF-公房,ZF-住房)
,t1.use_state AS SYZT ——使用状态(01-在用,02-预留,03-损毁待
报废,04-已拆除,05-其他)
,t1.service_date AS TRSYRQ ——投入使用日期
```

5.4.8.2 建筑物房间信息

数据治理：根据资产处提供公房和住房的房间信息，与楼层、房间使用状态、房间类型码表关联，按标准字段名进行映射。

```
t5.BR_ROOM_NO AS FJH ——房间号
,t5.BR_NAME AS FJMC ——房间名称
,t5.BR_USE_AREA AS FJSYMJ ——房间使用面积
,t5.ZF_BUILDING_AREA AS FJJZMJ ——房间建筑面积
,t6.BBF_NAME AS FJLC ——房间楼层
```

,t5.BR_BASE_DEP_ID AS FJSYDWH ——房间使用单位号
,t5.BR_BASE_DEP_NAME AS FJSYDWMC ——房间使用单位名称
,t5.BB_ID AS JZWH ——建筑物号
,t5.ZF_ROOM_STATE AS FJSYZTDM ——房间使用状态代码
,t7.ZF_USE_STATE_NAME AS FJSYZT ——房间使用状态
,t5.ZF_TYPE AS FJYTM ——房间用途码
,t8.ZF_TYPE_NAME AS FJYT ——房间用途
,'ZF' AS FJLX ——房间类型(GF－公房,ZF－住房)
,t5.ZF_IN_USER AS FJXNSYR ——房间校内使用人
,t5.ZF_OUT_USER AS FJXWSYR ——房间校外使用人
,t5.ZF_REAL_PERSON AS FJRNRS ——房间容纳人数
,t5.OT_NO AS JSSYRBH ——房间使用人编号

第 6 章　数据质量管理

数据是一种虚拟资产，是由校内各业务系统发展所产生的内容（态势感知），是驱动业务发展的推力（数据赋能）。对数据进行统计与分析，能有效剖析学校建设发展状况及发展规律，为校领导及各部处相关决策的制定提供有力的数据支撑（辅助决策支持）。实现数据价值的前提是数据本身是可靠和可信的，即数据应该是高质量的。为了提高学校数据价值，降低低质量数据导致的风险和成本，提高学校效率和生产力，需要对数据质量进行管理。

数据质量管理的首要原则是提高数据质量，学校需要提前为收集高质量的数据做好准备，在数据使用过程中要规避由低质量数据导致的风险。

数据质量管理不是一个阶段性项目，而是一项持续性工作，它贯穿数据的整个生命周期。因此，对数据质量问题进行分析、对数据质量水平进行汇总报告，是数据质量管理中必不可少的持续性工作。一般来说，数据质量主要从完整性、准确性、一致性和及时性四个角度进行评估。

（1）完整性，指数据的记录和信息是否完整，是否存在数据缺失情况。数据缺失主要包括记录的缺失和具体某个字段信息的缺失，两者都会造成统计结果不准确。完整性是数据质量最基础的保障。例如，学校正常工作情况下，某个业务系统到数据中台的数据应该是 10000 条，某一天业务系统到数据中台的数据只有 8000 条，则可能是数据缺失，如果是人事数据，则会导致很多人不能登录校内系统或登录校内系统后其个人信息缺失，这会严重影响数据的完整性。

（2）准确性，指数据中记录的信息和数据是否准确、是否存在异常或错误的信息。如成绩单中分数出现负数、性别与身份证信息不符等，都是缺乏准确性的问题数据。确保记录的准确性是保证数据质量必不可少的一部分。

（3）一致性，通常体现在跨度很大的数据仓库中。学校数据一致性体现在各个业务系统中。例如，人事系统中的婚姻状况在入职时填写为未婚，入职后没有修改，一旦需要使用婚姻状况字段，若用户在其他系统填写婚姻状况为已婚，则会使该字段的数据不一致，导致数据一致性出现问题。数据治理时就需要根据时间戳来判断哪个数据最准确,以解决一致性问题。

(4)及时性,保障数据的及时产出才能体现数据的价值。例如,学校内的很多缴费场景中,用户希望缴费完成后就能在系统查询,如果采用异步方式,则可能需要很长时间才能查看数据状态,这就没有实现及时性。

6.1 数据质量管理的必要性

Gartner 表示,导致商业智能(BI)和客户关系管理(CRM)这些大型、高成本的 IT 方案失败的主要原因在于,企业根据不准确或不完整的数据进行决策。

对于高校,数据质量普遍存在以下几类问题。

(1)数据质量参差不齐。高校各部门业务快速发展、数据标准难以落地、开发人员水平各异,导致数据质量参差不齐。

(2)数据质量管理不受重视。高校数据快速沉淀,而质量管理手段还未跟进,因此数据质量问题较多。

(3)数据质量管理难以落地。缺乏相应的数据质量管理工具,大多数管理工作只能在线下临时处理,难以形成管理体系。

(4)数据质量管理成本高。传统的数据质量管理需要进行数据开发,根据实际情况编写各种校验 SQL,开发难度大、成本高。

(5)数据质量管理成效差。缺乏和开发平台的对接管理,即使发现了数据质量问题,依然无法控制问题数据不流入下游;无法线上记录、分析问题及趋势,导致数据质量问题频发。

(6)缺乏全局统计视角。不了解高校整体数据质量和问题趋势,无法有效地推进数据质量管理工作。

因此,数据质量管理需要对数据进行质量校验,通过事前规则配置、事中规则校验、事后分析报告的流程化方式,保障数据服务。数据质量管理可以分为以下四个步骤:

(1)建设数据质量管理平台。从开发人员管理、校验数据接入、质量规则设计到校验结果分析,建成一站式管理平台,支持数据质量管理全流程工作。

(2)构建数据质量管理体系。基于一站式管理平台,创建质量校验规则、管理质量校验流程,构建数据质量管理体系。

(3)实现数据质量管理的降本增效。基于平台内置规则模版、自动分析报告等功能的支撑，降低数据质量管理门槛，提高数据质量管理效率。

（4）提高数据质量。通过质量校验及时发现数据问题，并支持和开发平台联动，有效阻塞问题数据落地，避免错误数据流入下游。

6.2 数据质量管理架构

如图 6.1 所示，按照事前规则配置、事中规则校验、事后报告分析的主流程，从质量分析、任务管理、质量规则、实时校验、校验目标五个方面实现数据质量管理。

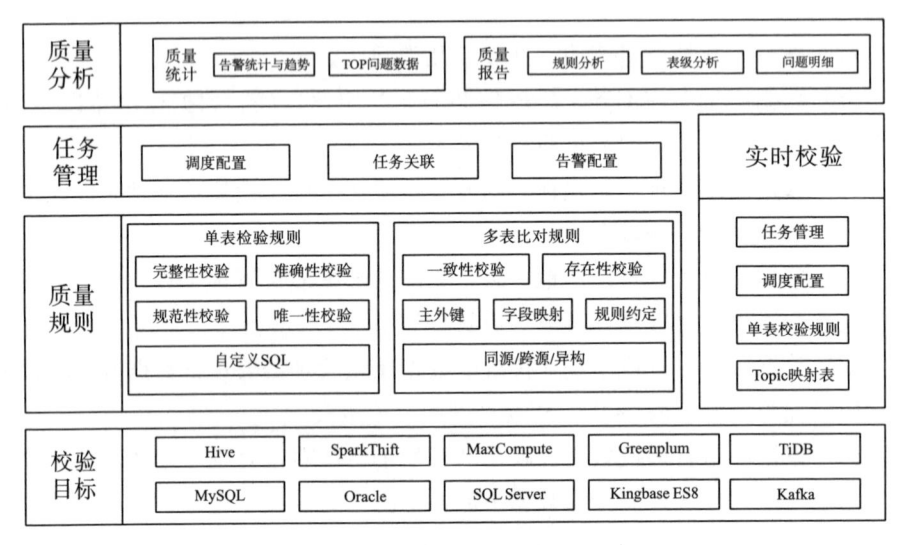

质量分析	质量统计	告警统计与趋势	TOP问题数据	质量报告	规则分析	表级分析	问题明细
任务管理	调度配置		任务关联		告警配置		实时校验
质量规则	单表检验规则：完整性校验、准确性校验、规范性校验、唯一性校验、自定义SQL			多表比对规则：一致性校验、存在性校验、主外键、字段映射、规则约定、同源/跨源/异构			任务管理、调度配置、单表校验规则、Topic映射表
校验目标	Hive	SparkThift	MaxCompute	Greenplum	TiDB		
	MySQL	Oracle	SQL Server	Kingbase ES8	Kafka		

图 6.1 数据质量管理框架图

当进行异步数据质量管理时，事前规则配置即制定数据质量规则，有单表校验规则和多表校验规则两种。单表校验规则包括完整性校验、准确性校验、规范性校验、唯一性校验等，也可以用自定义 SQL 语句进行检验。多表校验规则包括一致性校验、存在性校验、主外键、字段映射、规则约定等，既可同源数据表，又可以对跨源、异构数据表进行校验。

事中规则校验指调度配置、任务关联、告警配置等。

事后报告分析指事后的数据质量统计和数据质量报告。数据质量统计包括告警统计与趋势、TOP 问题数据；数据质量报告包括规则分析、表级分析和问题明细。

实时数据质量校验包括单表校验规则、调度配置和任务管理三个部分，适用于 Topic 映射表。

6.3 单表校验

6.3.1 单表校验规则、原理

6.3.1.1 单表校验规则

单表校验规则有五类：完整性校验、准确性校验、规范性校验、唯一性校验、自定义 SQL。

完整性校验：空值数、空值率、空串数、空串率。

准确性校验：求和、求平均、负值比、零值比、正值比。

规范性校验：数值－取值范围、数值－枚举范围、数值－枚举个数、格式－居民身份证号码、格式－手机号、格式－邮箱、字符串－最大长度、字符串－最小长度。

唯一性校验：重复数、重复率、非重复个数、非重复占比。

自定义 SQL：用户自行编写校验逻辑。

6.3.1.2 单表校验原理

一条校验规则由五个部分组成，前三个部分（统计目标、统计函数、过滤语句）是为了得到一个唯一的统计值，后两个部分（校验方法、期望值配置）是为了将这个唯一的统计值与质量要求进行比较。

6.3.2 统计函数说明

统计函数说明见表 6.1。

表 6.1 统计函数说明

统计函数	适用字段类型	函数说明	空值处理
空值数	ALL	选中字段为 NULL 的个数总和	—
空值率	ALL	选中字段为 NULL 的个数总和/整表或分区的总记录数	—
空串数	字符串	空字符的个数总和	不包括
空串率	字符串	空字符的个数总和/表总行数	不包括
重复数	ALL	字段的值有 2 条记录以上是一样的，记为 1 次，最后将总次数相加	不包括
重复率	ALL	重复值个数/总行数	不包括
非重复值个数	ALL		不包括
非重复值占比	ALL		不包括
枚举值	ALL	in	如果用户未写入 null 值，则出现 null 时，计为枚举值匹配失败
枚举值个数	ALL	count（distinct {fieldName}）	包括
负值比	数值类型	值小于 0 的行数/总行数	不包括
零值比	数值类型	值大于 0 的行数/总行数	不包括
正值比	数值类型	值大于 0 的行数/总行数	不包括
字符串最大长度	字符串	字段中字符最大长度	不包括
字符串最小长度	字符串	字段中字符最小长度	不包括
max	数值类型	max	—
min	数值类型	min	—
avg	数值类型	avg	—
sum	数值类型	sum	—

6.3.3 校验方法

固定值：根据校验规则中的阈值配置，计算<s> <opt> <except>（s 表示经过统计函数计算的数据统计结果；opt 表示用户在期望值配置中选择的比较符合，支持>、>=、<、>=、=、!=；except 表示用户输入的期望值），返回布尔值。如果为 True，表示校验通过；如果为 False，表示校验未通过。

【举例】配置项为 id 字段，空值数；校验方法为固定值；期望值配置为 >=12。

系统会先统计 id 字段的空值数，假设为 s=10。再判断 s、opt、except 的关系，10<12，返回 False，得出校验未通过的结论。

1 天波动：取出 1 天前的该规则下的历史数据 pre，如果没有，则算 0；如果 pre=0，则结果等于 0，否则为 (s−pre)/abs(pre)，其中 s 为表内数据统计结果，如图 6.2 所示。

$$5月2日的1天波动率 = \frac{s_2 - s_1}{abs \cdot s_1} = \frac{30\% - 25\%}{abs \cdot 25\%} = 20\%$$

图 6.2　1 天波动图解

6.3.4　单表校验应用场景

场景 1：对一些必须采集的信息（如工号、姓名、证件号码等）为空或不规范的数据进行校验。

校验规则配置：通过配置字符长度、格式规则、数值范围等对字段进行校验。

校验不合格处理流程：对于校验不合格的数据，需要通知数据源头业务系统对数据进行添加、修改等。字段规范性校验配置界面如图 6.3 所示。

图 6.3　字段规范性校验配置界面

场景 2：由系统或网络故障导致数据源数据表数据不全或为空。

校验规则配置：通过统计表行数，并通过配置 1 天波动率或固定值（总行数）。

目的：如果校验失败，可置同步任务失败，可有效避免问题数据的落地，阻塞问题数据流入下游。

校验不合格处理流程：在由业务系统本身故障造成的数据质量问题且恢复时间超过数据任务同步周期的情况下，可配置下游任务依赖最新校验通过数据。

以表级监测规则为例介绍单表校验规则配置。

步骤 1：新建监控规则。规则配置－新建监控规则－单表校验规则，具体操作如图 6.4 所示。

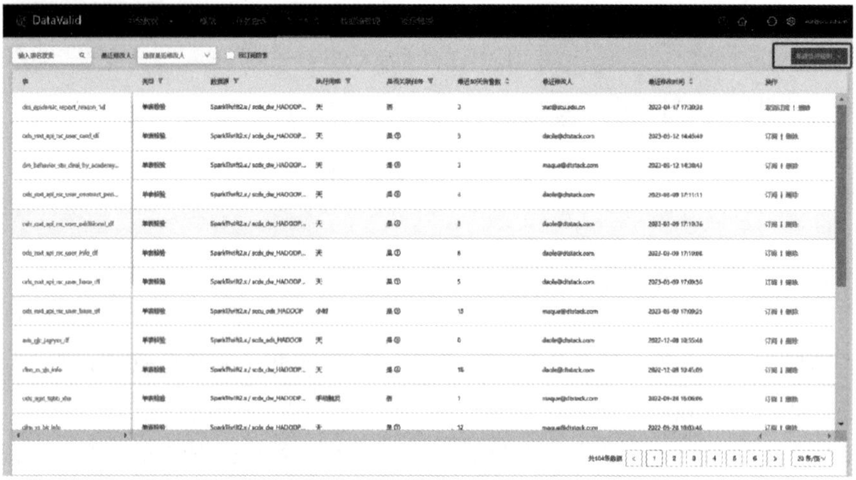

图 6.4　新建单表校验规则

步骤 2：选择监控对象。选择需要校验的数据源、表，也可以直接输入表名进行搜索。对于存在分区的表，需配置系统变量或直接选择已有分区进行校验。数据质量提供了多个系统参数，每个系统参数可随校验规则的运行时间动态变化，定义如下：

${sys.recentPart}$：最新分区，系统自动从表的元数据库中获取每个分区的创建时间，并对最新创建的分区进行校验。

${bdp.system.cyctime}$：一个实例的定时运行时间，默认格式为：yyyyMMddHHmmss。

·第6章 数据质量管理·

> ${bdp.system.bizdate}：一个实例计算时对应的业务日期，业务日期默认为定时运行日期的前一天，以 yyyyMMdd 的格式显示。
>
> ${bdp.system.currmonth}：一个实例的定时运行时间所在的月份，默认以 yyyyMM 的格式显示。
>
> ${bdp.system.premonth}：一个实例的定时运行时间的上一个月，以 yyyyMM 的格式显示。

选择监控对象后，系统会自动检测此表是否已经存在配置的规则，若已存在，可直接前往此表的管理模块继续添加规则。

在数据质量的规则配置模块，每条规则是一条记录。若要在某张表内配置多个规则时，只需在规则配置列表，点击表名，继续添加规则。

具体操作如图 6.5 所示。

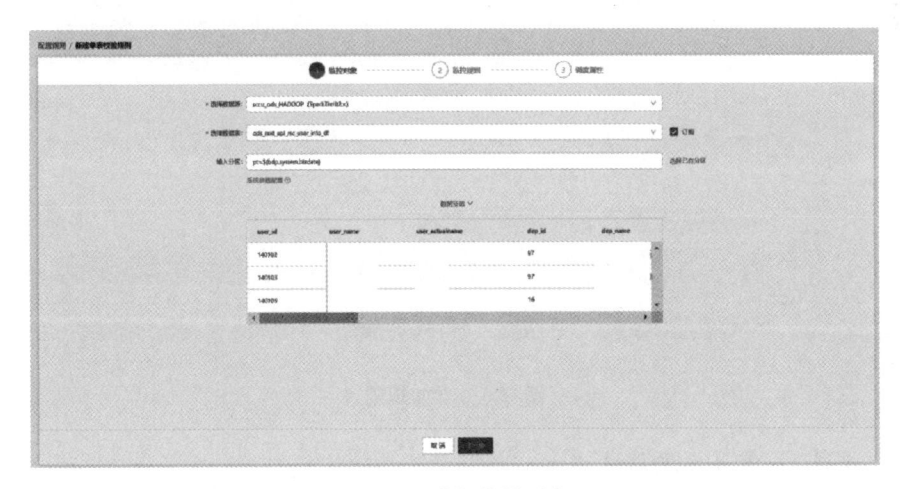

图 6.5　选择监控对象

步骤 3：添加规则。

选择规则类型：选择表或字段。

统计函数：选择需要使用的统计函数。

过滤语句：只需要统计表内一部分数据时，可通过过滤语句过滤掉一部分数据，等同于 SQL 中的 where 过滤条件。需注意的是，过滤语句必须以 and 开头，不区分大小写。

校验方法：可选择固定值、1 天或 7 天波动检测、月度波动检测、7 天平均值波动检测、月度平均值波动检测。

期望值：选择比对符之后输入一个数值，如">10"。规则输出的统计结果如果为"<=10",即为校验未通过。

强弱规则:选择规则强弱。强规则—校验未通过或运行失败时,会影响关联任务的运行状态;弱规则—校验未通过或运行失败时,不会影响关联任务的运行状态。

具体操作如图6.6所示。

图6.6 添加规则

步骤4:配置调度属性。

调度周期配置:调度周期可选择天、周、月、小时,也可以选择手动触发。

告警配置:告警方式为邮件、短信、钉钉,若校验未通过,会通过勾选的告警方式通知告警接收人(告警接收人为数据中台用户)。

任务关联:可选择当前用户所在的任意【租户—产品—项目】中已提交的任务。其中,产品目前只支持离线任务。当质量规则关联离线任务后,周期运行质量规则需要满足达到规则配置的周期调度时间,以及关联的离线任务需提交至调度引擎并与质量规则调度周期相同。

当质量规则运行完成后,会给关联的离线任务返回规则运行结果信息,如果是强规则—校验未通过或校验失败,则关联的离线任务置为失败。

·第6章　数据质量管理·

通过设置强规则校验可有效避免问题数据的落地，阻塞问题数据流入下游。具体操作如图 6.7 所示。

图 6.7　配置调度属性

6.3.6　监控报告

每次规则执行后，系统会自动生成表级分析报告、规则分析报告。可进行多种统计维度，辅助快速定位问题并进行针对性改造。在任务查询页面中，可查看此任务执行的校验结果，校验结果包括每条校验规则的配置信息和统计值。

趋势图中显示此指标最近 30 天内的变化趋势，可辅助判断指标触发告警的原因是数据突变还是数据缓慢变化。趋势图同时标注了配置的期望值，辅助分析何时触发告警。具体操作如图 6.8 所示。

111

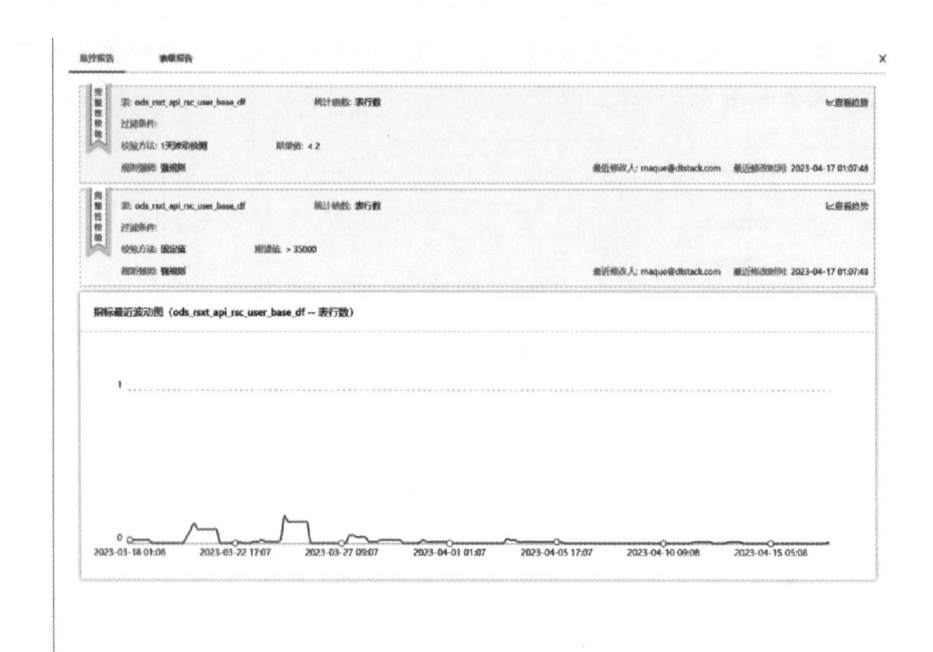

图 6.8　监控报告

6.3.7　表级报告

对某张表配置任何校验规则后,可自动生成表级报告。

基本信息:包括表名、分区总数、表类型,分区的概念对 Hive、MaxCompute 等大数据存储才有效。如果是 MySQL 等关系型数据库,则分区总数会显示为空。

表级统计:即最近一次执行时,表的总记录数和引发的报警数量。对于分区表,其记录数仅为被校验的分区的记录数,而不是所有分区的记录数。

图 6.9 为表级报告最近 30 次综合报告。记录数的平均波动率=SUM(最近 30 天,每天记录数的波动率)/29;某一天记录数的波动率=当天的记录数/前一天的记录数-1。波动率越高,说明业务系统产出的数据量不稳定,更容易触发告警。

平均记录数:SUM(最近 30 天,表或分区每天的记录数)/30;表平均每天的记录数。

日平均告警数:SUM(最近 30 天,每天的告警总数)/30。

平均告警率:SUM(最近 30 天,每天的告警总数)/SUM(最近 30 天,每天的规则数总和)。

日平均告警数、平均告警率越高，说明这张表越是经常出问题，或者规则配置过于严格，容易触发告警。

最近 30 次表级统计：列出最近 30 次校验的执行时间、检测的分区、对应分区的记录数和触发的告警数。

最近 30 次表数据波动图：以曲线图的形式显示最近 30 天表内数据量的变化趋势和触发的告警数。

图 6.9　表级报告最近 30 次综合报告

6.4　多表比对

多表比对规则主要用于代码逻辑优化、模型优化、数据迁移等场景，目标主要是代码变更后，保证变更前后的数据一致。因此，多表比对规则的目的是保证两张数据表相对应的每一行数据都一样。

6.4.1 多表比对规则原理

选择主键：因为两张表的数据顺序是不一致的，所以必须通过选择主键来唯一标识一行数据，这里已配置 id 为主键。

判断字段内容是否一致：选择主键后，从第一张表中查询一条数据，在第二张表中找到对应的数据，并对每个字段的值逐一进行比较，若有差异，计为不匹配。

6.4.2 多表比对应用场景

以代码逻辑优化为例，如师生在校判断任务运行时间过长，优化代码后，任务运行时间变短，通过多表比对查看数据是否有变化。

步骤 1：新增规则。在规则配置模块新建监控规则、多表比对规则，可进行新建规则的流程，如图 6.10 所示。

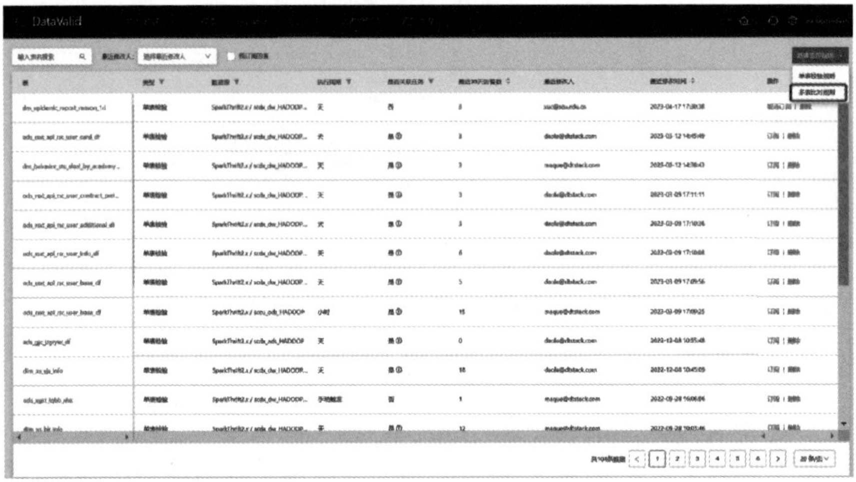

图 6.10 新建多表比对规则

步骤 2：选择左表。在下拉列表中选择需要比对的数据源、表，也可以直接输入表名进行搜索。对于存在分区的表，可配置系统变量或直接选择已有分区进行校验，如图 6.11 所示。

·第6章 数据质量管理·

图 6.11 选择左表

步骤 3：选择右表。只能选择同一数据源的两张表或两个分区进行数据比对，不能跨数据源比对，如图 6.12 所示。

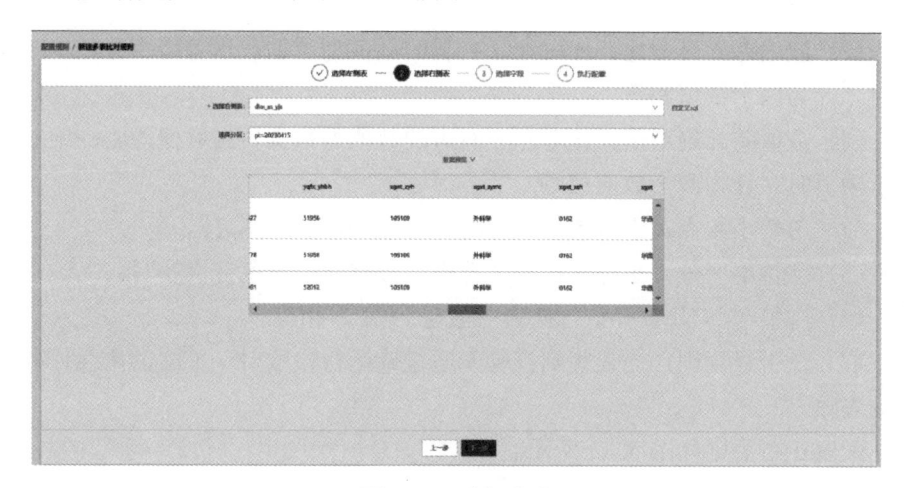

图 6.12 选择右表

步骤 4：配置比对规则。

字段映射：选择两张表中需要参与数据比对的字段，配置字段映射关系。可通过同行映射或同名映射快速完成配置。

配置逻辑主键：逻辑主键需要在字段名之前勾选，配置逻辑主键之后，系统才能唯一标识一条数据并完成每个数值的比对，如图 6.13 所示。

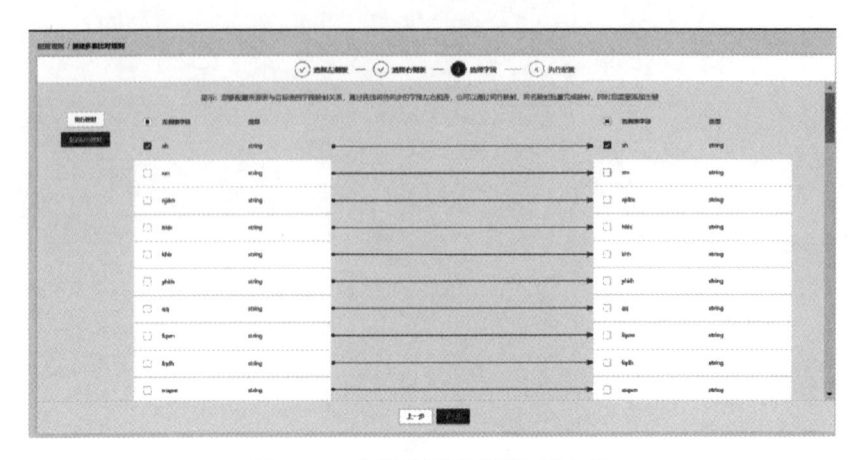

图 6.13　字段映射及配置逻辑主键

比对规则如下。

（1）记录数差异：比对左、右表的总记录数，当差距小于阈值时，计为成功匹配。

（2）数值差异百分比：比对左、右表的数值型数据，当差距百分比小于阈值时，计为两个数值相等。

（3）数值差异绝对值：比对左、右表的数值型数据，当数值差距的绝对值小于阈值时，计为两个数值相等。

（4）忽略小数点：进行数值比对时，忽略小数点后 N 位。

（5）字符不区分大小写：比对字符串型数据时，不区分大小写。

（6）空值与 NULL 等价：认为空值与 NULL 相等。

（7）是否强规则：当强规则校验未通过或运行失败时，关联的离线任务会置为失败。

配置比对规则如图 6.14 所示。

·第6章 数据质量管理·

图 6.14 配置比对规则

步骤 5：配置调度属性。逻辑与单表校验调度属性的配置相同。具体操作如图 6.15 所示。

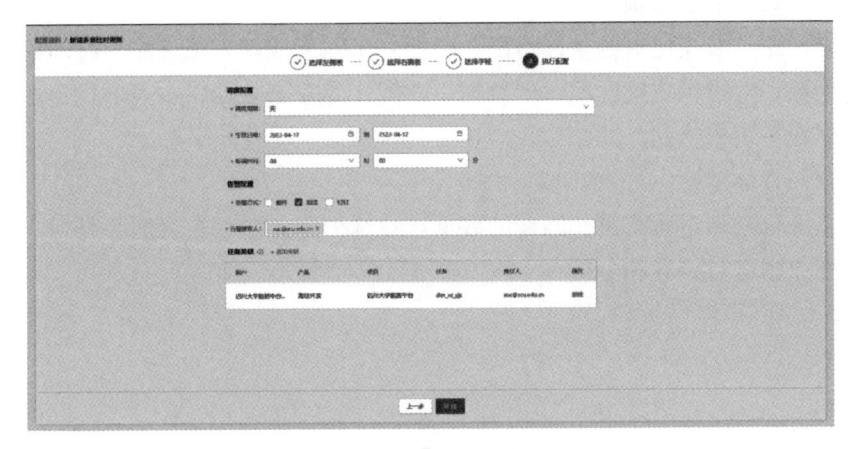

图 6.15 配置调度属性

6.4.3 多表比对规则报告

6.4.3.1 整体校验

显示左、右表的表名、分区名、所在数据库类型、表或分区的总记录数，如图 6.16 所示。

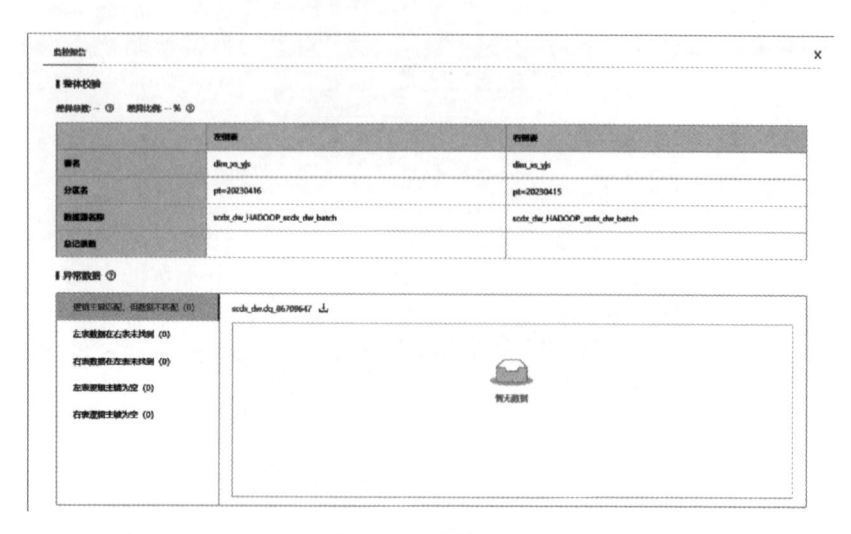

图 6.16　整体校验

（1）未匹配数据报告。

统计左、右表比对的整体情况，包括：①匹配成功，统计左、右表数据一致的行数；②逻辑主键匹配，但数据不匹配；③左表数据在右表未找到；④右表数据在左表未找到。

（2）具体差异。

系统自动列出所有没有匹配的数据，数据列包含左、右表的所有列，可下载明细数据进行查看和分析。

第 7 章　高校数据资产管理

数据资产是由组织合法拥有或控制，并能给组织带来经济效益和社会效益的数据资源，属于虚拟资源。

7.1　数据资产概念

随着大数据时代支撑数据交换共享和数据服务应用的技术发展，各个学校无时无刻不在产生数据。数据不仅仅是业务发展的衍生物，还是可以驱动业务发展的必需品。从最传统的线下手工记录数据，到线上业务系统产生数据，再到现在根据数据反推业务发展，数据的功能越来越受到重视。这些不断积淀的数据，相当于学校的虚拟资产，"盘活"这些资产以充分释放其附加价值，是数据资产化的重要命题。

学校数据越来越多，数据资产管理面临的问题日渐严重，大量数据无法量化管理，学校不能有效地发现并挖掘其价值。

学校数据资产管理常见问题如下：

（1）数据源多，无法集中管理。学校数据存在于各个业务系统、数据仓库中，无法进行统一管理，导致元数据维护、查询不方便。

（2）数据信息缺失，数据内容不规范。学校数据的元数据信息缺失，对于非本人维护的数据理解困难；数据内容缺少相应的规范标准，同名不同义的问题突出。

（3）数据之间的流转链路不清晰。数据同步、数据开发的逻辑无法解析，不能直观地查看数据流转链路，导致数据价值分析、数据问题排查困难。

（4）数据价值难以量化。缺乏多种维度、可量化的统计分析，无法帮助数据管理者更高效地判断每张表的实际价值。

（5）数据资产管理与业务脱节。学校进行数据资产管理的过程中，重视技术能力的实现，而忽视了数据资产的业务性，导致数据资产的沉淀和实际业务发展脱节。

（6）忽视数据资产的安全性。日常数据开发或数据应用过程中，缺乏统一的数据权限和敏感数据的管理，导致数据缺漏风险高，数据安全问题严重。

学校进行数据资产管理，可以从两个维度切入：一是数据资产的"后向管理"；二是数据资产的"前向管理"。

7.1.1 后向管理

后向管理的主要目的是对学校的存量数据进行统一维护管理、量化分析，帮助用户发现这些数据的价值。主要内容有以下几个方面：

（1）元数据管理。汇聚学校全量元数据，统一入口进行管理维护，建设一站式元数据查询门户。既解决了数据源分散、元数据缺失的问题，又可以通过丰富的元数据信息，帮助用户厘清数据流转链路、理解数据、量化数据价值。

（2）数据资源。按照业务视角建设学校数据资源目录，让数据资产的沉淀反应实际的业务发展。

（3）资产盘点。通过数据资产的统计分析，盘点数据的分布和发展情况。

7.1.2 前向管理

前向管理的主要目的是对增量和存量数据进行规范约束、安全管控。主要内容有以下几个方面：

（1）数据标准。制定学校数据标准，并通过和存量数据的映射比对，发现不规范的数据。

（2）数据模型。应用数据标准，实现规范的标准化建表和建模，让数据落地即是标准的，避免再次进行后向管理。

（3）数据安全。通过数据权限管理、数据脱敏设计，保障数据资产的安全性。

7.2 数据资产规划

根据学校数据资产情况，将数据分为九大域：

（1）学校概况域，学校和各类组织架构，如校区、部门组织架构、研究机构、党组织等数据的集合。

（2）资产管理域，存放学校各类资产数据，包括楼宇、房间、家具、设备、实验仪器等各类学校资产。

（3）教职工管理域，教职工人员基础数据，以及由教职工相关事件触发的行为信息，包括教职工的基本信息、教学科研项目信息、岗位职务信息、考核信息、招聘及返聘信息、工资信息、离校信息、国内外专家信息、兼职学习进修行为信息等。

（4）学生管理域，各类学生的基本信息、住宿信息、奖学金信息、助学金信息、学生干部信息等，以及其他各类人员（如考生、校友）的相关信息。

（5）教学管理域，存放教学活动相关实体，包括培养计划、班级信息、课程、教学活动、排课、排考、考试成绩、各类资格考试、学生毕业论文活动、评教活动、学位毕业审核、第二课堂等相关内容。

（6）外事管理域，主要包括国内外师生出入境学习交流相关信息。

（7）科研管理域，存放科研业务活动相关实体，包括科研项目、项目经费、科研成果和科研考核内容。

（8）财务管理域，主要包括各类经费预算、收入、支出数据。

（9）行为管理域，主要指各业务活动的流水表、行为数据，如官网校园App等埋点行为、校园卡消费、通行记录、上网记录、请假销假等数据。

7.3 数据资产平台管理

7.3.1 数据资产平台功能架构

数据资产平台通过制定元数据模型、数据标准等规范，采集并维护完整的元数据信息，打通数据关系网络，实现数据的标准化和资产化管理。搭建起元数据中台，盘点数据资产，为数据价值挖掘提供"全、统、通"的元数据基础。

数据资产平台以元数据采集为基础，对元数据进行标准化管理维护。同时根据采集维护的内容，对内提供资产查询分析服务，对外提供资产应用服务，如图 7.1 所示。

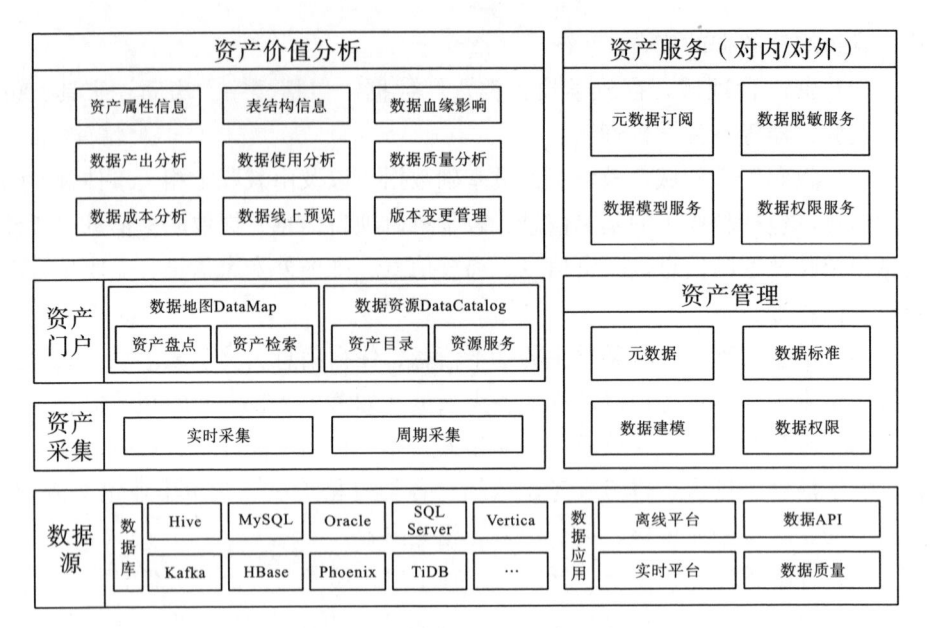

图 7.1　数据资产平台功能框架图

（1）元数据的采集、维护、查询。

通过接入数据仓库、各业务系统库，采集库、表元数据；对接数据中台各产品应用，获取数据使用的元数据信息；在采集的基础上，进行二次规范维护，补充缺失的业务元数据，汇总后提供元数据查询分析服务，如图 7.2 所示。

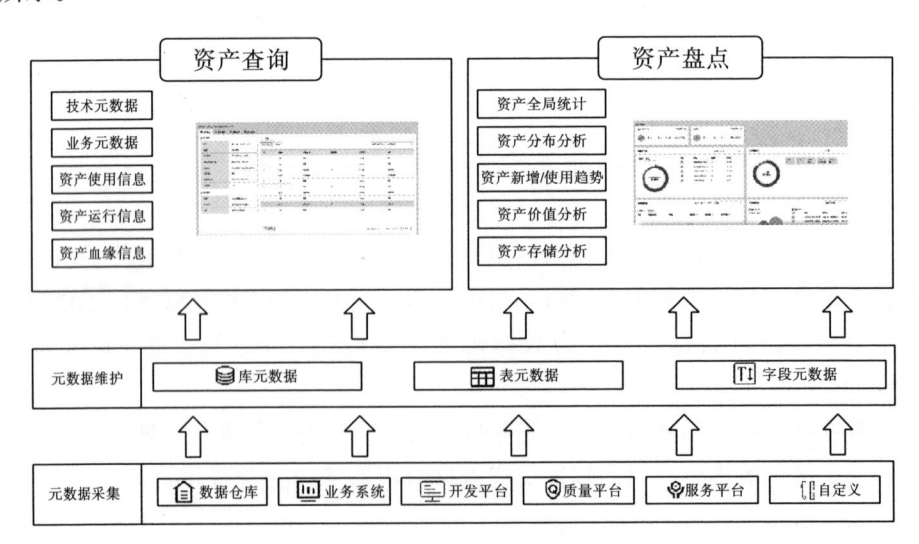

图 7.2　元数据的采集、维护、查询

(2) 数据标准的映射与落地。

制定企业数据标准，通过标准的映射比对，发现并修改存量不符合标准的数据。再通过数据模型的规范化建表和建模，让增量数据落地，即为标准的。

(3) 数据血缘关系的应用。

通过自动解析的数据血缘关系，可以辅助用户发现数据流转关系、数据影响链路，合理订阅并维护用户关注的数据，如图 7.3 所示。

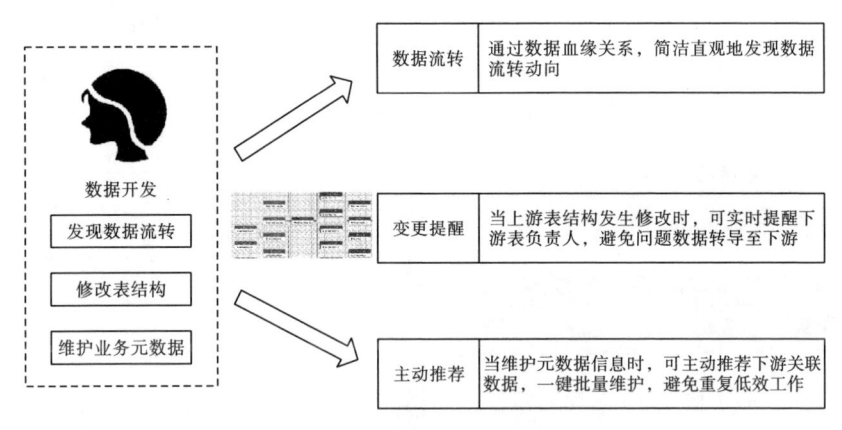

图 7.3 数据血缘框架图

更多的元数据能提供更准确的价值分析。数据资产平台应能够统计、展示、分析多种维度的元数据信息。

(1) 基础属性：根据元模型规范，展示数据的技术元数据、业务元数据、管理元数据等信息。

(2) 表结构信息：展示表结构、字段属性、分区、索引等信息。

(3) 血缘关系：通过任务 SQL 解析、平台应用打通，可视化展示数据的流转影响链路。

(4) 产出分析：解析表和任务的对应关系，记录数据产出状态。

(5) 使用分析：统计各平台数据的使用情况，分析数据应用热度。

(6) 质量分析：根据质量规则的稽核结果，评估数据健康状况。

(7) 成本分析：统计数据任务计算、存储资源的消耗，评估数据成本。

(8) 数据预览：线上预览数据内容，深化数据理解。

(9) 版本变更：记录元数据变更版本，能够比对任意版本的区别。

对于数据资产，有后向管理与前向管理两种传统的数据治理，要么是基于已有的数据进行后向管理，要么是推翻已有的数据进行前向管理，数据资产平台需兼顾两者，对存量数据进行后向管理，对增量数据进行前向管理。

（1）后向管理。包括：元数据管理，数据资产的采集、维护与查询；数据资源管理，以业务视角建设数据资源目录；数据资产盘点，数据资产的分布统计与价值分析。

（2）前向管理。包括：数据标准，数据资产的标准定义、映射比对；数据模型，标准化建表与数据建模；数据安全，数据权限与数据脱敏管理。

数据资产平台与数据中台对接，让数据标准、数据模型、数据权限落地，实现了前向管理。同时，对传统的 SQL 建表建模逻辑进行升级，基于数据标准，实现可视化、可配置的建表建模。同时在数据权限管理上，统一对外提供权限校验服务，保证数据权限的一致性，如图 7.4 所示。

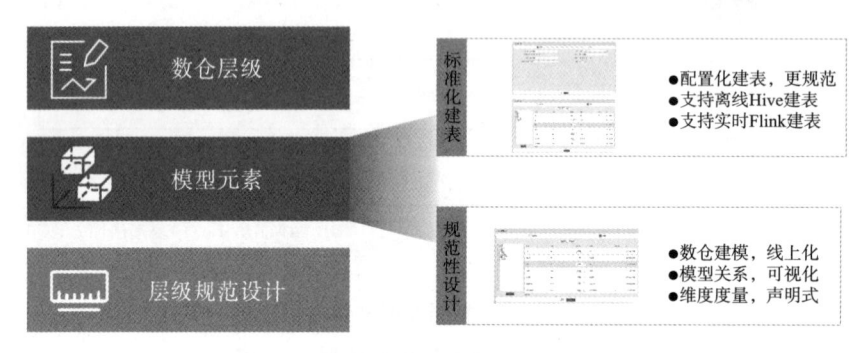

图 7.4　数据资产平台与数据中台对接

传统的数据治理一般由数据管理部门、开发人员发起，这样的数据治理缺乏业务视角，难以满足业务部门的需求。提供开发与业务双视角管理，建设数据资源目录的数据资产平台，能够向业务人员提供元数据查询服务，如图 7.5 所示。

图 7.5　元数据查询服务

· 第 7 章　高校数据资产管理 ·

7.3.2　数据源管理

在数据源中心引入数据源，可以查看数据源的相关信息和元数据的同步状态，如图 7.6 所示。

图 7.6　数据源概况

7.3.2.1　元数据同步

手动同步：选择数据库、数据表、添加表的业务属性，选择负责人和表对应的主题域，可将对应的表元数据信息同步至资产平台，如图 7.7 所示。

图 7.7　元数据手动同步

周期同步：根据设置的周期调度生效日期、调度频率和具体的调度时间，对该数据源下所有表元数据信息进行周期同步，如图 7.8 所示。

图 7.8　元数据周期同步

实时同步：开启实时同步后，当源库发生 DDL 操作时，资产平台会实时同步该数据，如图 7.9 所示。

图 7.9　元数据实时同步

7.3.2.2　高级设置

数据资产平台需要对元数据同步状态进行监控和告警。过滤条件的配置是在元数据同步时会过滤掉所选择的数据库中满足条件的表，如图 7.10 所示。

告警触发场景：在无"人为停止同步"的情况下，周期同步任务未完成；

实时同步服务异常。

图 7.10 高级设置

7.3.2.3 同步实例

手动同步、周期同步、实时同步都会生成一条对应的实例信息，可以通过同步类型来区分，并查看实例的计划时间、开始时间、结束时间、同步状态和已同步的表数量，如图 7.11 所示。

图 7.11 同步实例

7.3.3 数据资源目录

7.3.3.1 ODS 层资源目录

如图 7.12 所示，ODS 层资源目录包括接入数据中台的各业务系统，如一卡通系统、上网系统、人事系统、门禁系统、图书管理系统等。同时，会统计资源总量和数据表总量，以及数据资源分布情况，即 ODS 层数据和 CDM（DWD/DWS/DIM）层数据的占比。

图 7.12 ODS 层资源目录

7.3.3.2 CMD 层资源目录

如图 7.13 所示，CMD（Command）层包括 DWD 层、DWS 层、DIM（Dimension）层经过数据治理后的各个域的数据资源。

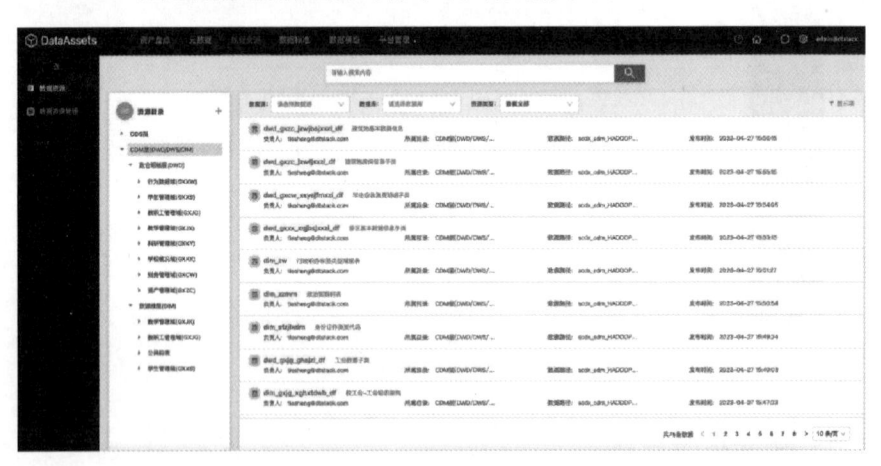

图 7.13 CMD 层资源目录

7.3.3.3 数据资源管理

数据资源管理主要指发布元数据信息，即上线、下线、删除管理，如图

·第 7 章　高校数据资产管理·

7.14 所示。

图 7.14　数据资源管理

7.3.4　资产盘点

7.3.4.1　数据地图分布

资源地图分布可以按照分布属性（如负责人、接入类型、同步方式、调度周期、主题等），查看数据资源的数量、排名和占比情况，如图 7.15 所示。

图 7.15　数据地图分布

7.3.4.2 数据资源分布

如图 7.16 所示，数据资源分布是根据库、表数量和存储量对不同类型的数据源下的库、表进行统计。

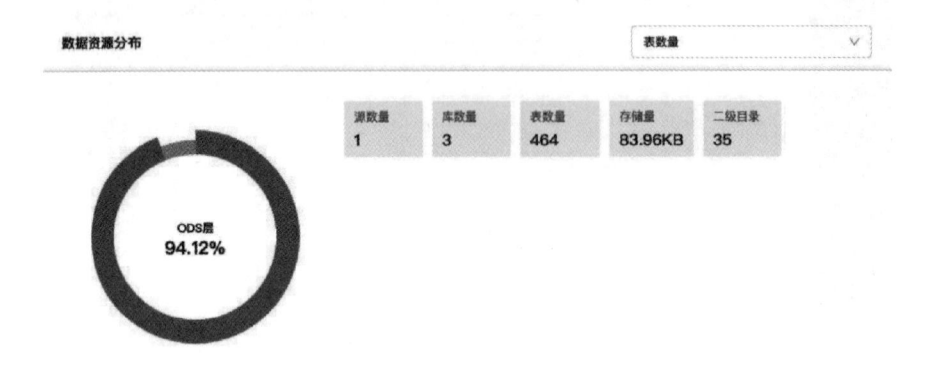

图 7.16 数据资源分布

7.3.4.3 存储资源情况

如图 7.17 所示，存储资源情况是对不同数据源下的不同数据库内表的存储量进行统计、排序。

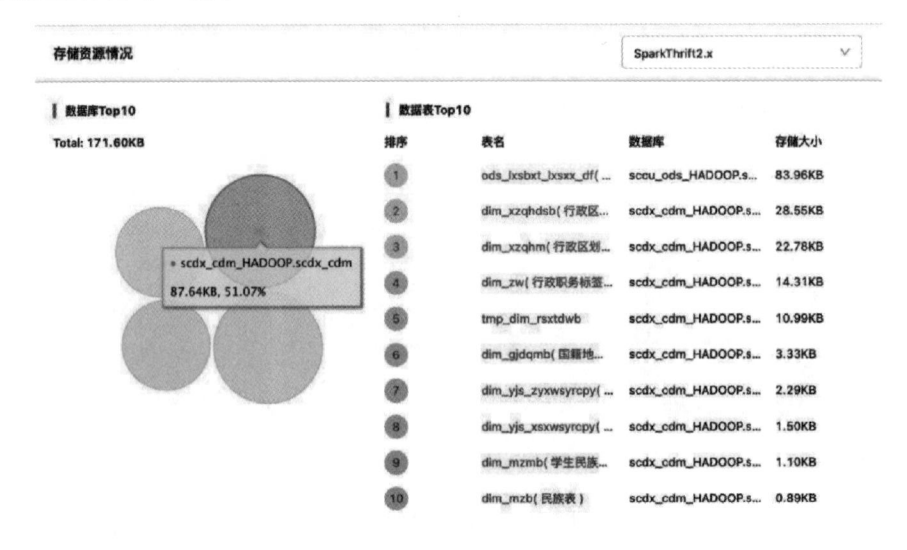

图 7.17 存储资源情况

7.3.4.4 元数据变化趋势

如图 7.18 所示，元数据变化趋势是按周期统计不同数据源下表元数据信息的变化情况，周期可选择。

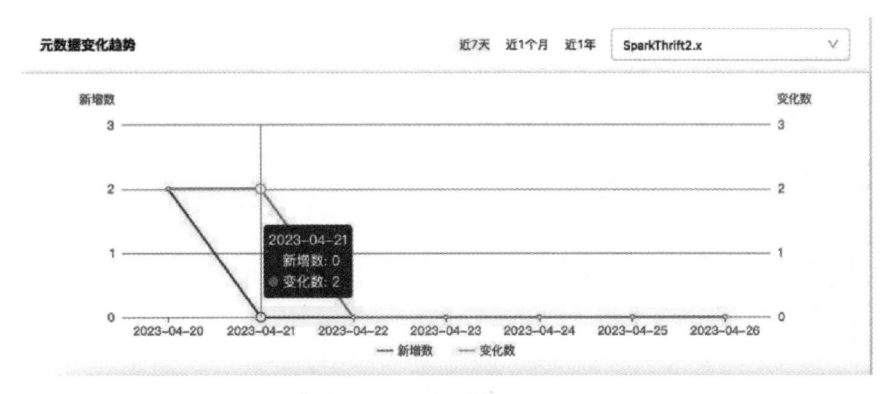

图 7.18 元数据变化趋势

7.3.4.5 资产查询趋势

如图 7.19 所示，资产查询趋势是按周期统计资产查询次数，周期可选择。

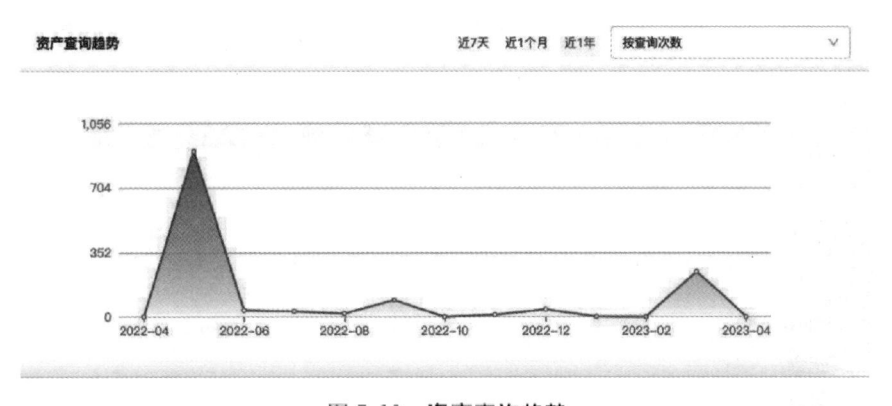

图 7.19 资产查询趋势

7.3.5 数据地图

7.3.5.1 检索与概览

如图 7.20 所示，在数据地图中可以根据库、表、字段等，对英文名和中文名进行检索查询，根据检索次数，统计出排名前十的表信息和本用户查询表记录信息。

图 7.20　数据地图检索与概览

7.3.5.2　表信息概览

（1）基本信息。如图 7.21 所示，可以查看表名、表中文名、创建时间、DDL 变更时间、存储位置、存储大小、存储格式、所属主题域及字段等信息，同时可导出表元数据和预览数据。

图 7.21　表基本信息

（2）血缘关系。如图 7.22 所示，可以查看表级血缘关系，包括上游的表来源和下游的表影响。

·第 7 章　高校数据资产管理·

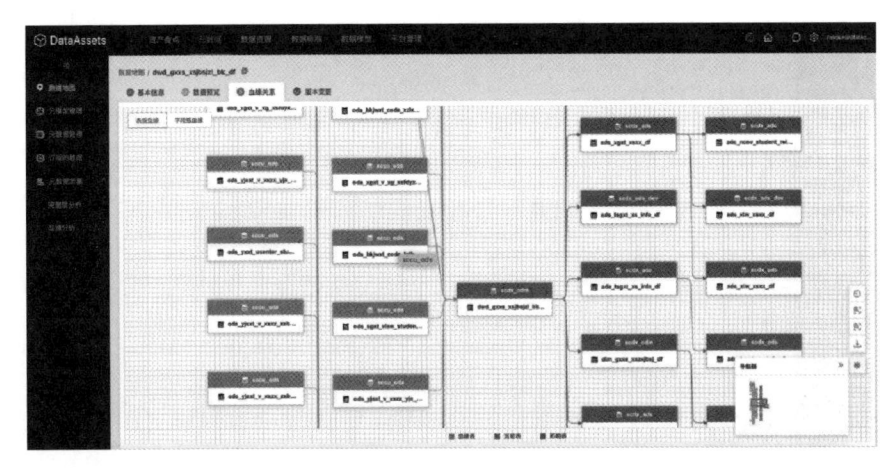

图 7.22　表级血缘关系

如图 7.23 所示，可以查看字段级血缘关系，包括上游的字段来源和下游的字段影响。

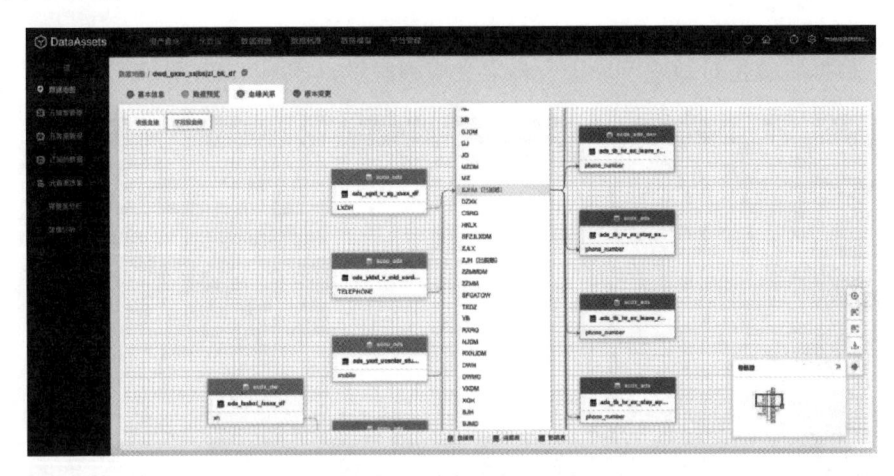

图 7.23　字段级血缘关系

（3）版本变更。如图 7.24 所示，可以查看版本变更的次数，并与不同版本变更内容进行对比。

图 7.24 数据地图——版本变更

7.3.6 数据脱敏

数据脱敏是对敏感字段进行自定义规则脱敏，如图 7.25 所示。

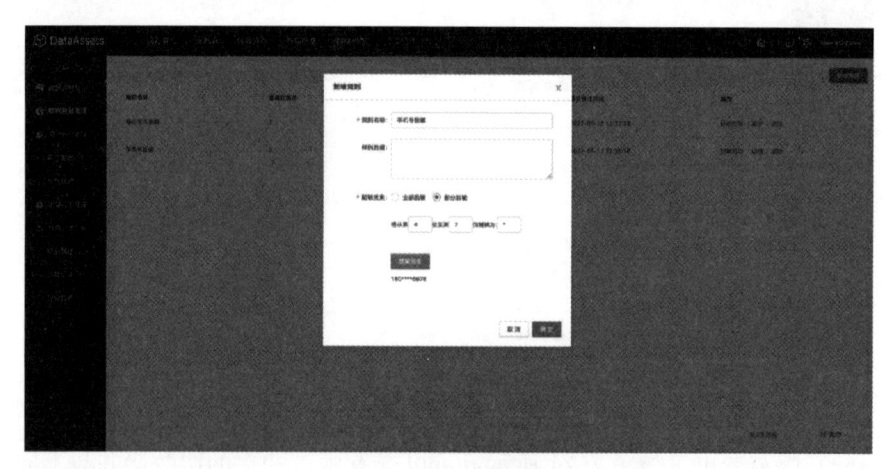

图 7.25 数据脱敏

第 8 章 数据标签

数据标签是一种用来展示业务实体特征的数据形式。如图 8.1 所示，智能化标签管理分析平台，通过标签萃取、标签管理、标签圈群、群组分析、全面画像，构建以业务价值为导向的标签体系和多样化群组，将数据资产标签化，数据标签价值化，能够有效地降低运营人员数据使用的门槛，减少业务需求的沟通和开发成本，落地数据价值。

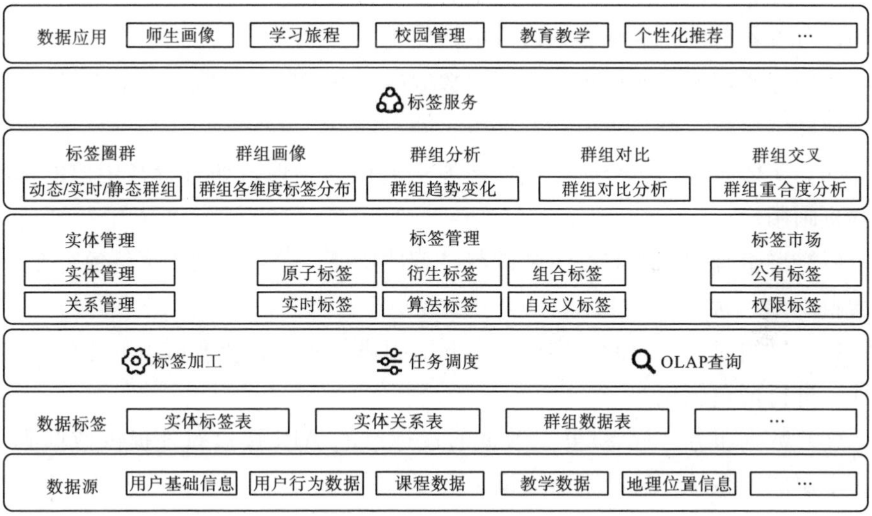

图 8.1 数据标签框架图

8.1 功能模块

基于"实体-关系-属性"模型构建以业务价值为导向的动态标签体系，完成标签定义-标签开发-标签发布-标签更新-标签评估-标签下线全生命周期管理，并通过标签圈群实时圈定目标人群，进行群组分析与优化，提供数据服务，对接上层系统完成智能化运营，落地数据价值。数据标签（DataTag）包含以下几个模块：

（1）实体管理。根据实际业务划分实体、关系、属性，指导标签体系建立，实体创建也是从源库导入原子标签的过程，后续基于原子标签构建其他类型标签。

（2）标签配置。目前可以创建原子标签、衍生标签、组合标签等，在未来也将可以创建算法标签和实时标签，通过"且""或"关系规则，或自定义SQL完成衍生标签、组合标签生成，可灵活修改标签规则，周期或立即更新数据，快速落地策略。

（3）标签管理。包括标签定义、标签开发、标签发布、标签更新、标签评估、标签下线全生命周期管理，各过程可管可控，统一标签管理规范，沉淀企业核心标签资产。

（4）标签市场。作为标签汇总中心，打通各业务标签，使标签资产标准化使用，可查看已发布的标签，进行申请使用。

（5）标签圈群。底层集成分析型数据库，通过"且""或""非"关系，实时快速圈定目标人群，生成动态群组、静态群组、实时群组，快速落地方案。

（6）实体画像。可分析各实体单实例的微观画像，如查看某用户的标签，精细刻画用户。

（7）群组画像。查看群组画像与显著性特征，分析不同维度标签分布，挖掘增长规律，赋能业务。

（8）群组对比。对同一实体下不同群组进行对比，查看群组的相似性与差异性，进行群组优化。

（9）数据服务。标签/群组数据通过标准的API接口对外提供数据服务，对接上层应用系统，进行实时查询。

8.2 标签建模与管理

（1）基于"实体－关系－属性"模型，开始标签建模。

实体是业务中独立对象的划分，关系是两个实体间的行为动作，属性是实体的特征。基于"实体－关系－属性"模型，可快速构建标签体系，如图8.2所示。

·第 8 章 数据标签·

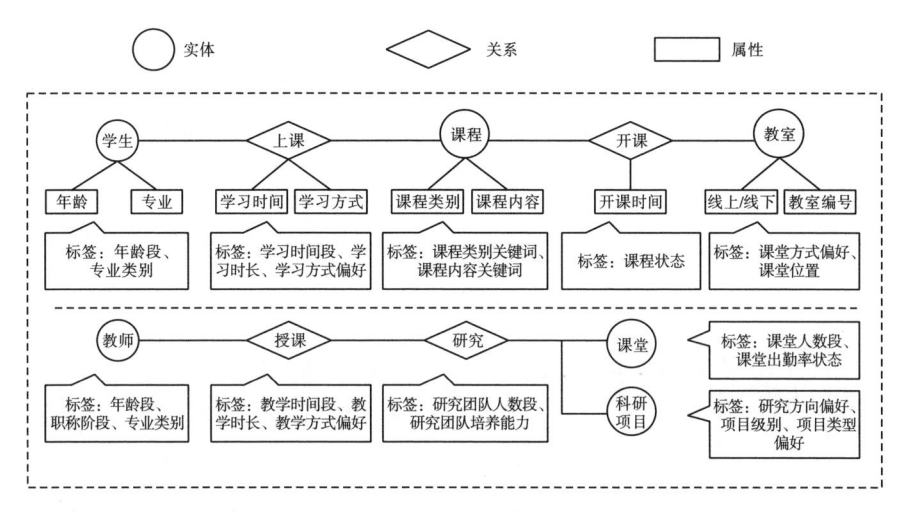

图 8.2 标签建模

（2）自定义标签类目，建立标准的标签体系。

可通过业务分类自定义标签类目，对标签进行归类，如基本属性、资产属性、消费属性、社会属性、活动属性等。可进行三级类目创建与管理，建立标准的标签体系。

（3）"原子/衍生/组合"多维标签生成，自定义标签类目。

目前可以创建原子标签、衍生标签、组合标签等。不同数据类型的标签对应不同的规则配置，衍生标签与组合标签支持两级规则设置，多个规则之间可通过点击切换"且/或"逻辑关系。同时，通过自定义 SQL 灵活创建标签，完善标签体系，如图 8.3 所示。

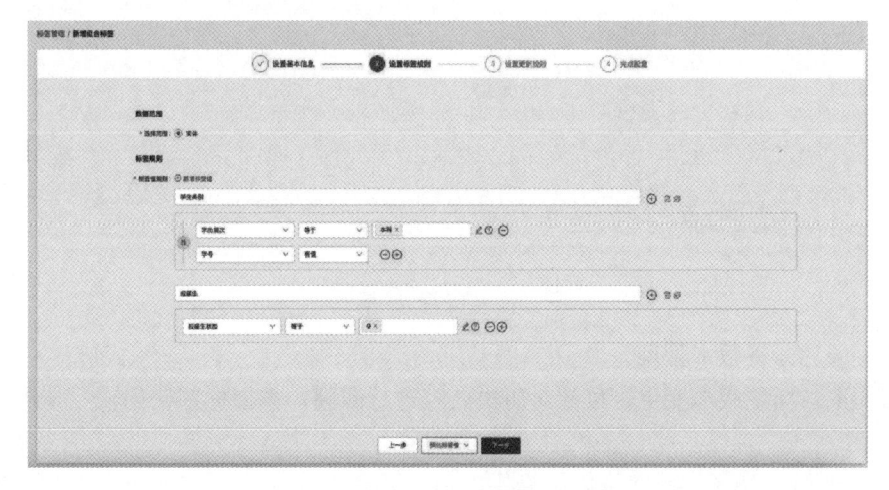

图 8.3 标签创建

137

（4）标签全生命周期管理。

标签定义—标签开发—标签发布—标签更新—标签评估—标签下线的标签全生命周期管理，各过程可管可控，统一标签管理规范，沉淀核心标签资产，形成统一的标签中心，如图8.4所示。

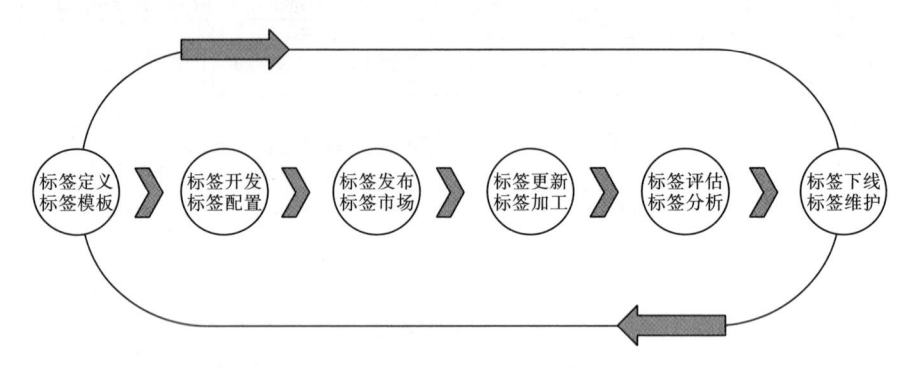

图8.4　标签全生命周期管理

（5）标签血缘管理。

通过标签血缘查看标签加工链路，当标签改动时，及时告知对下游的影响，辅助用户判断，保障标签加工任务运行正常，如图8.5所示。

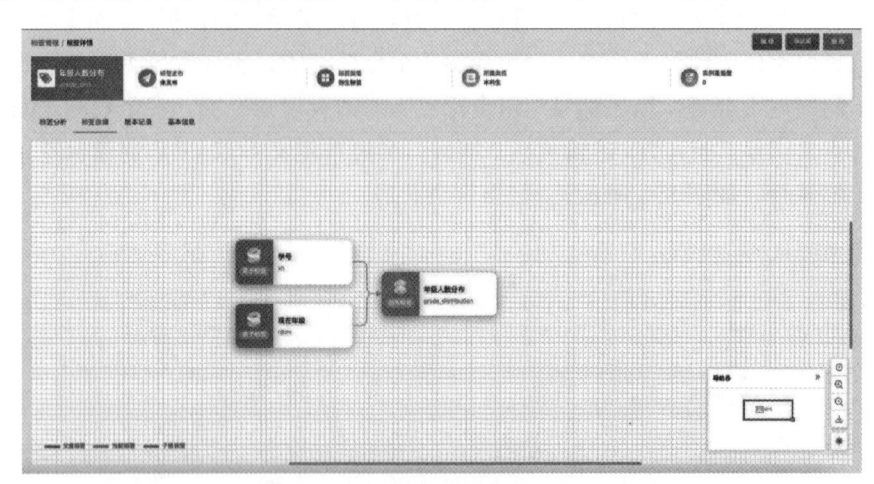

图8.5　标签血缘管理

（6）标签版本管理。

记录标签版本变更，可针对历史内容进行回溯，掌握标签变化。

·第 8 章　数据标签·

8.3　标签圈群与分析

（1）分析引擎实时圈群，快速细分群组。

底层集成分析引擎 OLAP 查询，在实体的全部数据范围内进行嵌套式标签圈群，快速圈定目标群体，形成动态、静态、实时三种群组类型。同时可上传本地群组，进行群组数据分析。

（2）实体画像。

根据实体用户标识，查询单个实例的实体画像。

（3）群组画像、群组对比、群组显著性分析，优化标签体系与群组投放。群组画像是自定义画像模板，从不同维度分析群组特征，掌握群组画像，为目标群组的选择和营销策略的投放提供参考。群组显著性分析是通过 TGI 指数计算群组的显著性特征，挖掘群组偏好，提升增长，赋能业务。群组对比是对同一实体下的不同群组进行相似性与差异性分析，查看群组特征，进行群组优化。

标签圈群与分析如图 8.6 所示。

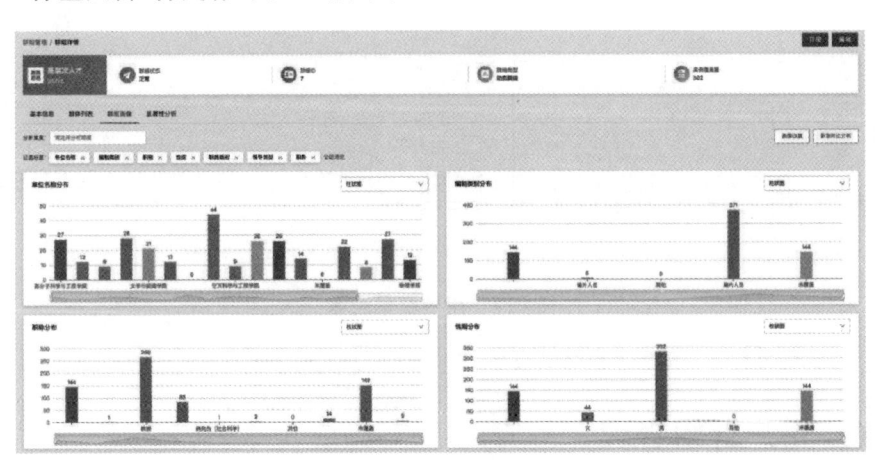

图 8.6　标签圈群与分析

8.4 标签数据安全服务

首先，通过 API 对外提供标签、群组服务，数据权限可管可控。通过 API 将标签、群组数据对外快速输出。API 调用时需经过 Token 认证，保障数据调用安全性，管理员可随时控制接口是否对外输出，控制数据权限。

其次，通过自定义数据输出，对接上层应用系统，可灵活定义各群组的输出列，满足业务需求。同时通过 API 的形成对接生成 CRM、CDP 等系统，完成智能化运营与决策。

8.5 用户全景画像

基于用户行为数据与基础数据，在智能标签平台进行标签定义、标签配置、标签加工，为各用户打上标签，形成用户全景画像（图 8.7），为精准决策提供数据支撑，有效提升用户体验。

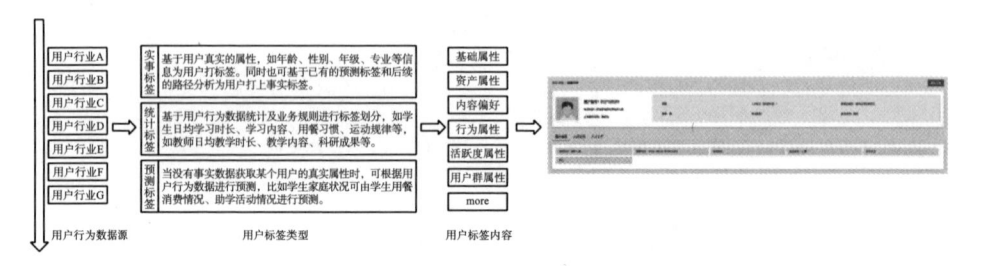

图 8.7 用户全景画像

8.6 用户群组管理

根据智能标签平台全选的用户群组，对接上层决策系统进行精细化运营，针对不同用户群组进行高效决策，如图 8.8 所示。

·第8章 数据标签·

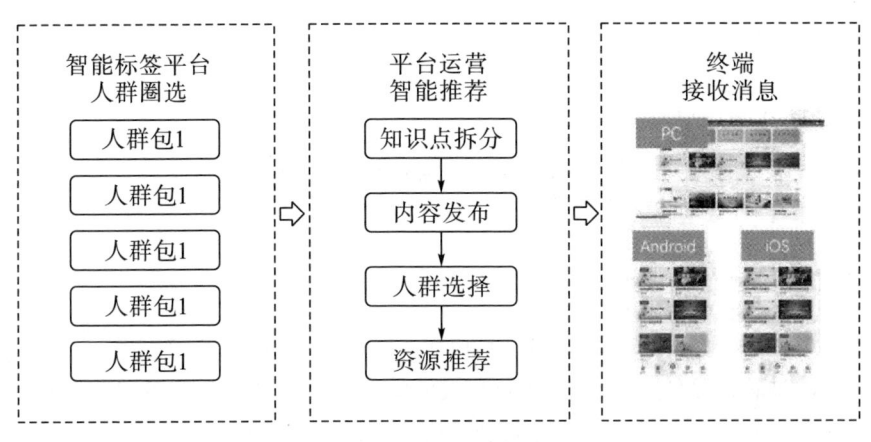

图 8.8 用户群组管理

8.7 用户个性化推荐

如图 8.9 所示，结合用户基础数据，通过离线、实时数据处理，结合算法建模，形成用户行为序列，进行特征分析和协同过滤，匹配智能标签库，根据用户的实时行为数据，进行个性化推荐。

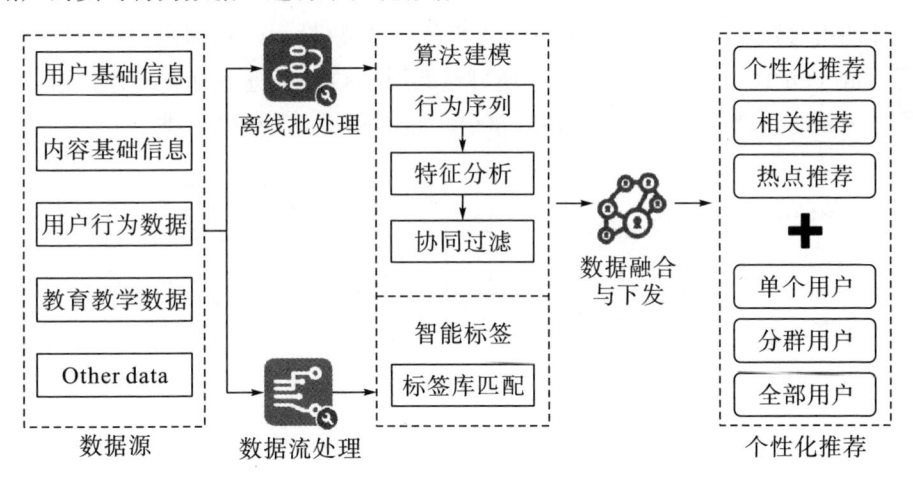

图 8.9 用户个性化推荐

第 9 章 数据服务

应用程序接口（Application Programming Interface，API）又称为应用编程接口，是软件系统不同组成部分衔接的约定。API 的主要目的是提供应用程序与开发人员访问一组例程的能力，无须访问源码或理解内部工作机制的细节。

当数据中台对外提供服务时，鉴于数据安全的考量，基本都采用 API 接口方式实现，直接中间表对接容易出现数据安全问题。

9.1 API 概览

在如图 9.1 所示的 API 概览页面，可以通过不同时间维度来查看 API 的累计调用次数、失败率、该时间内新增的 API 数量，以及调用用户 TOP10、调用量 TOP10、失败率 TOP10，还可对调用失败类型进行分类统计。错误类型分为超时、禁用、未认证、参数错误、超出限制、其他共六类。

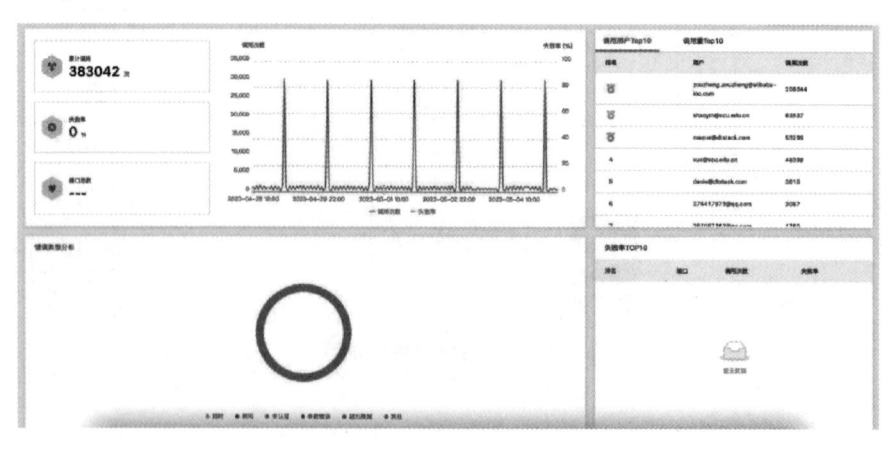

图 9.1　API 概览页面

9.2 API 市场

在如图 9.2 所示的 API 市场页面，可以通过类目查看其下 API 情况，也可以通过 API 英文名或中文名进行搜索，查询获取对应的 API，查看 API 的英文名、中文名、描述、所属类目、创建人、更新时间、创建时间、累计调用量、所属标签，也可以对 API 进行数据预览、导出和申请等操作。

图 9.2　API 市场页面

9.3　API 管理

9.3.1　生成 API

9.3.1.1　模板向导模式生成 API

（1）配置基本属性。

图 9.3 为模板向导模式生成 API 配置基本属性操作页面。需要配置基本信息和 API 参数。其中，基本信息包含所属类型、API 名称、API 中文名称、API 概述、API path、API 标签等；API 参数包含协议、请求方式、返回类型、超时时间等。

图 9.3　模板向导模式生成 API 配置基本属性

（2）参数配置。

完成基本属性配置后，进行参数配置。图 9.4 的参数配置包括数据源配置、输入参数、输出参数和输出结果排序。数据源配置包括数据源类型、对应的数据库、数据表；输入参数包括参数名称、界定字段、字段类型、操作符、必填、行级权限等，必填和行级权限为可选择项；添加输出参数，输出参数包含参数名称、界定字段、字段类型等，可设置根据某一个字段对输出结果进行排序展示。

图 9.4　模板向导模式生成 API 参数配置

（3）测试。

如图 9.5 所示，通过输入参数对接口进行测试，看接口返回值是否正常，如果返回结果正常，说明接口生成成功。

·第 9 章 数据服务·

图 9.5 模板向导模式生成 API 测试

9.3.1.2 自定义 SQL 模式生成 API

（1）配置基本属性。

图 9.6 为自定义 SQL 模式生成 API 配置基本属性操作页面。需要配置基本信息、API 参数和安全与限制策略。其中，基本信息包含所属类型、API 名称、API 中文名称、API 概述、API path、API 标签等；API 参数包含协议、请求方式、返回类型、超时时间等；安全与限制策略为单用户每秒调用次数上限。

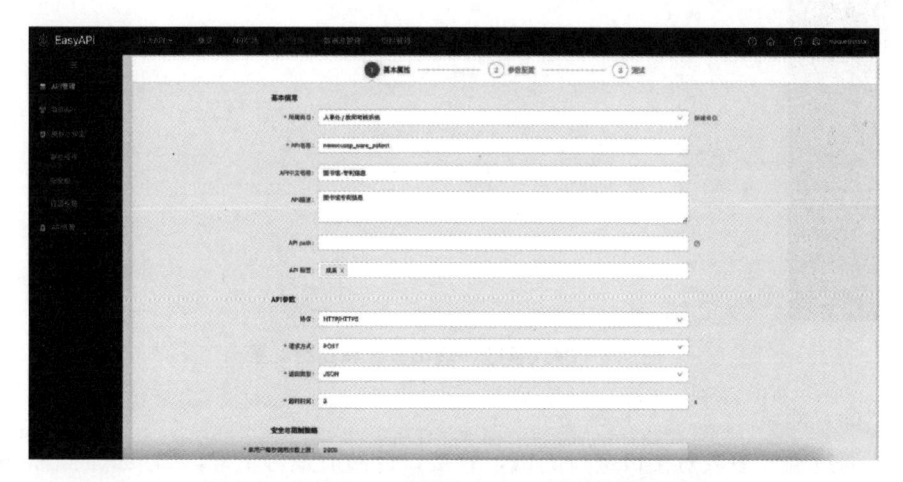

图 9.6 自定义 SQL 模式生成 API 配置基本属性

（2）参数配置。

配置基本属性后，进行参数配置。图 9.7 为数据源配置、API 参数配置，图 9.8 为输入参数、输出参数和高级配置。数据源配置选择数据源类型和对应数据源，既可以通过 SQL 脚本来设置输入参数和输出参数，也可以通过编辑参数对参数说明进行修改，还可以对输入参数进行必填、行级权限的配置。

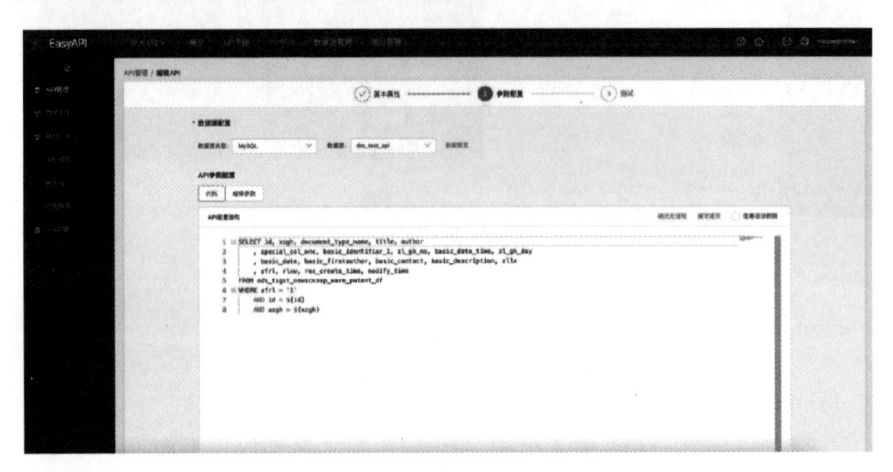

图 9.7　数据源配置、API 参数配置

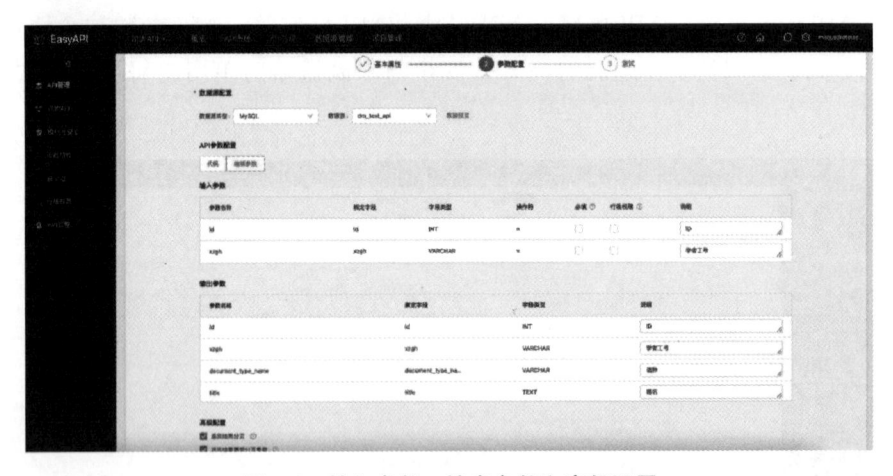

图 9.8　输入参数、输出参数和高级配置

（3）测试。

通过输入参数对接口进行测试，看接口返回值是否正常，如果返回结果正常，说明接口生成成功。

9.3.2 注册 API

9.3.2.1 配置基本属性

如图 9.9 所示，注册 API 需要先配置基本属性，包括 API 所属类目、API 名称、API 中文名称、API 描述、API path、API 标签。然后进行参数配置，包括请求协议、后端 Host、后端服务 Path、请求方式、输入方式、超时时间等。其中，协议可选项有 HTTP/HTTPS、WebService、Socket；后端 Host 需填写后端域名；后端服务 Path 填写后端服务路径，若后端服务 path 中包含请求参数中的入参，放在 { } 中，如/user/ {userid}；请求方式有 GET、POST、PUT、DELETE；超时时间为配置请求的超时响应时间，在 API 实际调用和在线测试环节都会进行超时时间的限制，超时时间默认 3 秒，可选择 1~30 秒的整数进行填写。

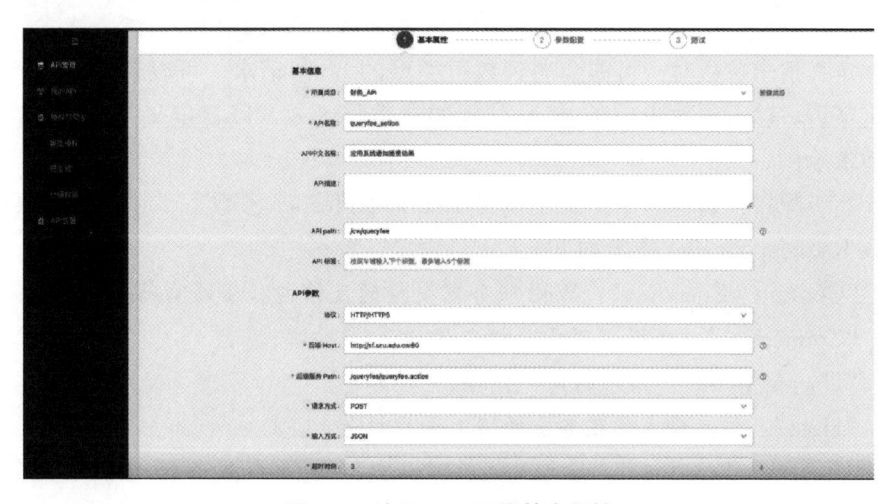

图 9.9 注册 API 配置基本属性

9.3.2.2 参数配置

如图 9.10 所示，输入参数可根据页面配置 API 的请求参数新增参数。其中，参数位置可选项有 QUERY、HEAD 和 BODY。

图 9.10　注册 API 参数配置

　　常量参数是取值固定的参数，对调用者不可见。调用 API 时无须传入常量参数，但后台服务始终接收在此处配置的常量参数及参数值。常量参数适用于固定某个参数的取值，并对调用者隐藏参数的场景。

　　请求 body 描述相当于一个请求 body 的示例，API 调用者可参考格式。

　　定义请求参数时，可能会遇到数组类型的 body 请求，可以自定义 body。自定义后，输入参数中位于 body 位置的参数将无效，以自定义 body 内容作为请求示例。

　　高级配置：勾选返回结果中携带 Request Header 参数，可在输出结果中获取 Request Header 参数如下。

　　"Content－Encoding"：Web 服务器支持的反馈内容压缩编码类型。

　　"Connection"：表示是否需要持久连接。

　　"User－Agent"：请求的用户代理。

　　"Host"：指定请求的服务器的域名和端口号。

　　"Accept－Encoding"：指定浏览器可以支持的 Web 服务器反馈内容压缩编码类型。

　　"Content－Length"：请求的内容长度。

　　"Content－Type"：请求的与实体对应的 MIME 信息。

9.3.2.3　测试

　　配置完成后，应对 API 进行测试，检查 API 配置是否按照既定逻辑完成。可填写输入参数的值，开始测试，系统运行后返回测试结果，如图 9.11 所示。

·第 9 章　数据服务·

图 9.11　注册 API 测试

9.3.3　API 提交与发布

一般来说，配置完成的 API 至投入正常使用会经历以下状态或步骤，如图 9.12 所示。

图 9.12　API 提交与发布

（1）未提交，未发布：API 生成或注册后的初始状态，支持编辑、提交操作。

（2）提交：将 API 提交至 API 网关，提交成功后的 API 可支持用户调用测试地址对 API 进行测试。

（3）发布：一般在测试成功后使用，API 发布成功后将在 API 市场可见，API 申请者可进行申请。

（4）撤回：可对已提交的 API 进行撤回操作，撤回后不可使用第三方工具对 API 进行测试，但可以对 API 进行编辑修改。

（5）禁用：可禁用已发布的 API，禁用后，该 API 在 API 市场不可见，不对外提供服务。禁用后的 API 可进行发布操作，发布后该 API 可正常使用禁用前的版本。

（6）二次发布：已提交、已发布的 API 可进行二次发布，二次发布表示用提交的新版本覆盖目前正常使用的已发布版本。

9.3.4　API 申请

如图 9.13 所示，可以查看申请的 API 名称、API 描述、授权状态、最近 24 小时调用次数、累计调用、申请时间等详细信息，也可以对申请的 API 进行停止和申请恢复等操作。

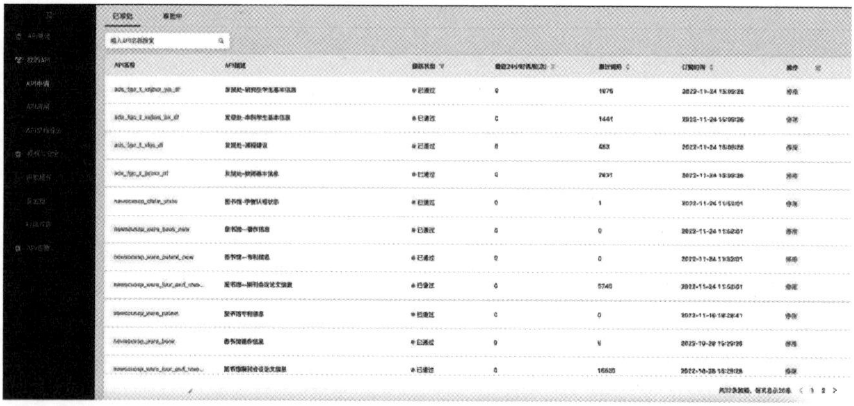

图 9.13　API 申请

9.3.5　API 文档导出

如图 9.14 所示，可以对申请通过的 API 一键生成 PDF 格式文档并导出。

·第9章 数据服务·

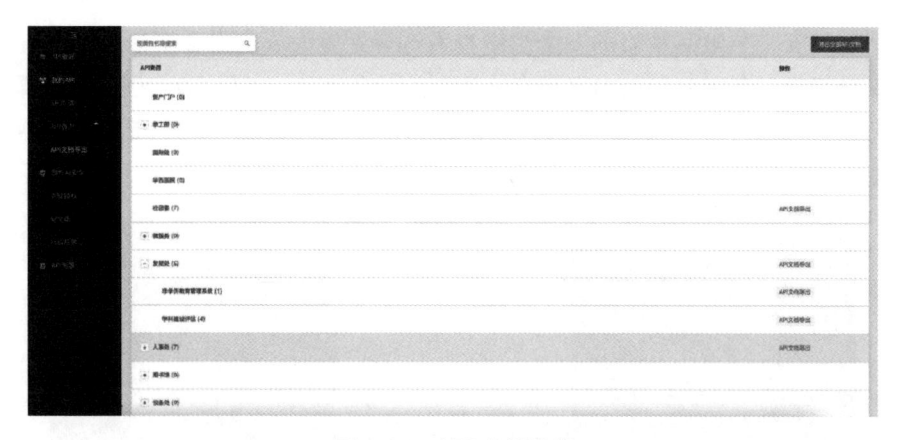

图 9.14　API 文档导出

9.3.6　API 审批授权

如图 9.15 所示，在 API 审批授权中可以查看所有申请记录，包括申请人、申请 API、状态、申请说明、申请时间以及操作，也可以在详情中查看调用次数和调用周期的限制要求，还可以对申请的 API 进行取消授权操作。

图 9.15　API 审批授权

9.3.7　API 安全组

每个安全组是一组 IP 地址，用于设置某个 API 在这些 IP 范围内调用或禁止调用。选择白名单和黑名单，配置完成后，在生成 API 或注册 API 基本

151

属性中的安全与限制策略的安全组中查看选择配置完成的安全组信息。配置多个安全组时，若黑名单与白名单存在 IP 地址的冲突，以黑名单为准。若要使冲突的 IP 地址可正常使用 API，则在黑名单中删去该 IP，修改后立即生效，如图 9.16 所示。

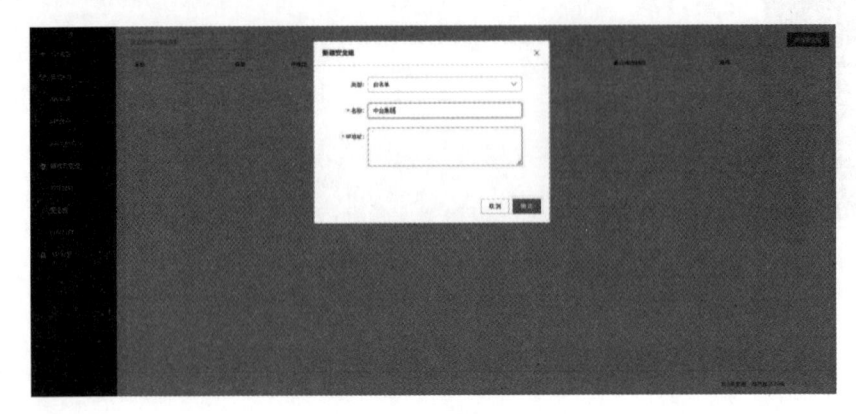

图 9.16　API 安全组

9.3.8　API 行级权限

API 行级权限可通过权限标识设置不同用户对不同表、不同字段的访问权限，并进行统一管理。API 调用时，行级权限用来控制字段的访问权限。若输入参数不符合行级权限标识下的用户权限值，则无法获得相应内容的输出。配置完成后，在生成 API 或注册 API 的参数配置中的输入参数中勾选行级权限，并下拉选择配置完成的行级权限标识，如图 9.17 所示。

图 9.17　API 行级权限

第 10 章　数据中台管理制度

10.1　总则

第一条　为加强学校数据资产管理，保障学校数据安全，推进全校数据的规范管理、互联互通和开放共享，更好地服务学校"双一流"建设，依据《中华人民共和国网络安全法》《教育部机关及直属事业单位教育数据管理办法》《教育信息化2.0行动计划》等相关法律法规及国家政策，特制定本办法。

第二条　本办法所称数据资产，是指各单位在教学、科研、人事、行政、党务、财务、物资、工会等领域，通过业务管理信息系统（以下简称信息系统）在使用和管理过程中形成的数据资源。

第三条　数据资产管理工作遵循统筹协调、规范管理、安全可控、持续发展的基本原则，落实主体责任，创新管理机制，促进开放共享。

第四条　使用和管理数据资产的单位均应遵守国家法律法规，不得违法违规利用数据资产。

10.2　数据安全

第五条　根据《中华人民共和国计算机信息系统安全保护条例》《信息安全等级保护管理办法》《教育管理信息化建设与应用指南》等国家法律、法规管理学校数据资产，保障数据安全。

第六条　数据中台应遵循数据安全管理相关制度，明确责任人，落实安全管理责任。

第七条　各单位应严格按照需求申请数据中台权限，严禁在未按规定授权的情况下委托他人以本人的账户和口令进行有关的数据录入和修改。系统用户应当定期更改自己的口令，确保数据的安全。

第八条 数据中台对数据新增、删除和修改须记录审计日志，同时提供方便简捷的日志查询功能。审计日志的访问只能是被授权的只读访问，任何人不得修改。

第九条 信息化建设与管理办公室负责制定和实施数据中台的统一存储、管理、备份和容灾方案。

第十条 未经授权，数据中台不得擅自对外提供任何数据。对于违反规定、非法披露、提供数据的单位和个人，应依照相关规定予以处罚。

第十一条 各单位在数据的接入、交换、共享和应用的过程中，必须保障网络、接口、传输、操作系统、应用和硬件等层面的安全。

第十二条 各单位应提高本单位人员数据安全意识，加强对数据采集、使用等相关工作人员的数据安全教育和培训。

10.3 数据接入

第十三条 信息系统接入范围为学校各单位信息系统（含附属医院信息系统），涉密信息系统按照有关法律法规和规定执行。

第十四条 数据接入范围为信息系统内的所有数据，涉密数据按照有关法律法规和规定执行。

第十五条 数据接入前信息系统需提供数据库字典表和数据库全库只读权限账号，完成数据源确权。

第十六条 数据中台数据接入方式支持 API 接口和中间库方式，各单位需配合相关网络、账号和对接参数配置。

第十七条 新建信息系统，数据库需按照《××大学教育管理信息标准》规范设计，每张表都须设计时间戳。

10.4 数据管理

第十八条 数据安全管理原则

（一）统一标准原则。数据的格式及管理符合国家、教育部、学校等制定的相关标准和规范。

（二）全生命周期管控原则。建立数据从接入、处理、维护、应用、销毁的全面管控体系，重点加强数据质量、安全和使用等方面的管理。

（三）安全共享原则。在保证数据安全的前提下，根据授权，实现数据与信息的共享、应用以及衍生服务，为学校管理和校情决策提供支持。

第十九条　数据分级，各单位需根据学校相关规定定义数据的密级，分为公开级、校内公开级和隐私级，数据分级支持字段级定义和表单级定义。

第二十条　数据授权及共享

公开级：不需授权，校内共享。

校内公开级：不需授权，校内共享，通知业务单位。

隐私级：需业务单位授权后校内共享。

第二十一条　数据资产平台将学校的数据资产面向全校做统一的管理，包含数据资产目录、数据资源分布、数据申请、接口审批、数据审批、数据资产管理等。

第二十二条　技术平台对校内单位开放，包含信息标准管理平台、数据质量平台、业务分析过程管理工具、数据接口平台、主数据平台、数据集成交换平台。

10.5　数据服务

第二十三条　数据服务面向校内所有单位和授权人员。

第二十四条　数据仅在校内提供服务，不面向校内各单位部署在校外的信息系统服务。

第二十五条　数据服务需填写表××《××大学数据交换需求表》，确定所需数据内容、对接方式、时效要求等。

第二十六条　数据服务申请须通过OA系统进行审核。

第二十七条　数据服务申请单位需配合相关网络、账号和对接参数配置。

第二十八条　各单位获取到的数据须严格按照相关法律和学校规定保密，禁止提供给第三方。

第 11 章　数据安全管理

　　数据安全管理是通过计划、发展、执行数据安全政策和措施，为数据和信息提供适当的认证、授权、访问和审计。为数据资产读取和变更提供适合的方法并阻止不适合的方法；监管对隐私性和机密性的要求；实现所有利益相关者隐私性和机密性需求。本章内容将数据安全管理分为系统安全、数据安全、安全审计三个板块来分析。

11.1　系统安全

　　数据中台一般运行在局域网，网络安全策略与客户安全策略保持一致，避免与 Internet 进行交互带来的潜在危害。拥有权限控制功能，采用低权限用户部署，禁止获得 root 权限。具备一定的安全容错能力，在系统出现问题时，系统抛出错误日志，可清楚定位问题所在位置，所有组件采用高可用部署模式，可避免单点故障。

　　系统安全主要包括服务安全、登录安全、资源隔离、三员管理四个方面。

　　（1）服务安全。Hadoop 服务、调度系统采用分布式架构、高可用部署模式；Web 服务采用主从模式，单节点故障不影响服务使用；系统元数据自动定期备份、实时备份，保障元数据安全；支持各类服务的健康监测、自动诊断，服务失败自动重启。

　　（2）登录安全。密码复杂度可配置；密码长度可配置；首次登录密码强制修改；强制要求密码定期更新；连续错误，自动锁定账号；Session 过期自动失效，需重新登录。

　　（3）资源隔离。多集群隔离；租户间数据隔离，非授权不可访问，项目间数据隔离，非授权不可访问。

　　（4）三员管理。支持开启三员管理模式：①系统管理员负责用户创建、租户/项目管理，不能查看业务数据；②安全保密员负责用户权限管理，不能查看业务数据；③安全审计员负责审查系统日志，监督系统/安全员的行为，不能查看业务数据。普通用户只能进行业务操作，查看业务数据。

11.2 数据安全

数据安全是数据安全管理的重要板块，包含数据采集安全、数据存储安全、数据访问或查询安全、数据服务安全、数据分级分类和数据脱敏及加密六个部分。

11.2.1 数据采集安全

数据采集安全由加密采集和加密传输两个方面组成，可对敏感数据配置加密采集方式，以明文形式从业务系统的数据库中采集，对字段添加加密函数，实现以密文形式存储至数据中台；涉及密码的数据传输，均采用国密方式进行传输加密。

11.2.1.1 加密传输

校内应用大多部署在内封闭网络，不存在网络攻击，加密传输由内部网络策略保障，在进行机密信息传输时，采用当前较主流的非对称加密方式。

（1）密码加密。

用户登录密码传输采用广泛应用的 256 位的 RSA 非对称加密算法。可以在不直接传递密钥的情况下完成解密，确保信息的安全性，避免直接传递密钥所造成的安全风险，如图 11.1 所示。

图 11.1 密码加密

加密过程可实现前、后端的密码得到可靠的加密传输，有以下三个步骤：

（1）前端调用后端提供的 A1 接口，获取 RSA 公钥。

（2）前端利用公钥对密码进行加密，并将加密后的密码发送给后端。

（3）后端拿到加密后的密码，利用私钥进行解密，即可得到正确的密码。

11.2.1.2 敏感信息处理

师生在进行页面操作时，经常会涉及数据库的账号、密码等较敏感的信息。其中的数据库密码、部分系统的连接信息等内容，均采用加密方式存储在数据库中，同时在操作页面上不会以明文形式显示，采用密文方式输入、显示（见图 11.2），以保护敏感信息的安全性。

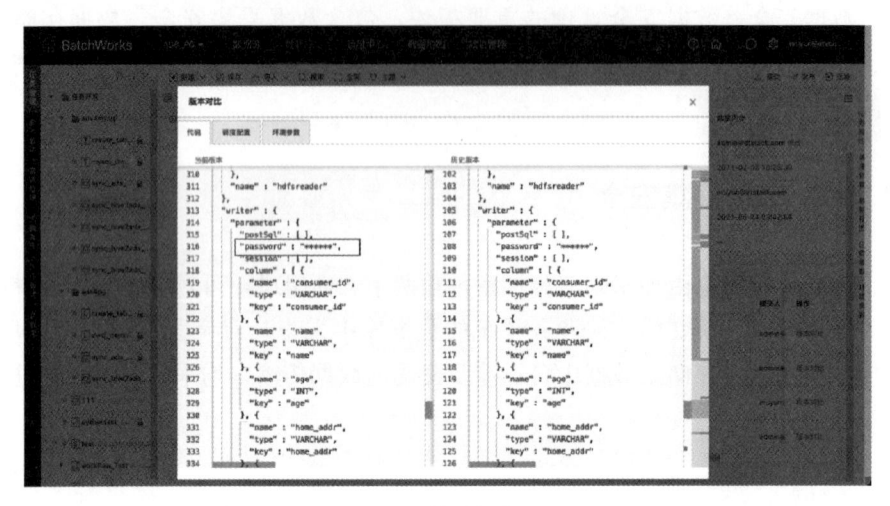

图 11.2　敏感信息处理

11.2.2　数据存储安全

为保证数据存储阶段的数据安全性，分别规定 Hadoop 数据采用三副本机制，单点故障不影响稳定性，保障数据不丢失；数栈内的所有密码均采用国密算法存储至数据库，如登录密码、数据库密码等。

（1）数据备份。

大数据平台元数据采用 MySQL 数据库进行存储，元数据备份方式有两种：使用主从架构部署，从节点实时同步主节点数据，确保主从节点数据一致；每天定时启动同步任务将元数据同步到 HDFS 集群进行备份。

（2）HDFS 数据。

HDSF 数据备份分为两块：一块是 HDFS 自身的元数据；另一块是真实的用户数据。备份方式如下：

HDFS 自身的元数据。NameNode 采用 HA 模式部署，Active NameNode

节点产生的 Edit Log，一份保存在本地，另一份存入 Journal Node 集群，其他 Standby NameNode 节点定时从 Journal Node 集群获取 Edit Log 生成元数据快照文件，并同步到 Active NameNode。标准模式部署时，NameNode 元数据会有 5 份备份，能在绝大部分极端情况下确保元数据可恢复。除了 HDFS 自身元数据备份方案，还准备了定时任务备份 NameNode 元数据到其他磁盘或目录，确保元数据不会丢失。

真实的用户数据。在 HDFS 数据多副本机制及平台默认配置下，每个数据文件都会有 3 个副本，部分 DataNode 节点宕机、磁盘损坏、人为无意删除数据等情况都能确保数据可恢复。

（3）数据还原。

数据同步过程中提供基于 snapshot/checkpoint 的机制，保证系统宕机情况下数据可在任务级别进行恢复还原，保证业务的连续性。

11.2.3　数据访问和查询安全

数据访问和查询安全涉及数据权限的管理，包括授权对象与授权操作的标准制定。

11.2.3.1　授权对象

授权对象包括租户级、项目级和用户级。

（1）租户级。

整个租户共享统一的数据权限。租户级默认的访问证书在不进行其他配置的情况下，本租户内的用户将使用这一证书执行 SQL，粗粒度控制数据权限。

租户是指在用户管理的基础上，以租户作为最基础的划分，在不同租户中可包含不同用户；每个租户内包含租户所有者、租户管理员、普通用户，由租户管理员进行用户管理；每在数据中台内划分不同项目，每个项目内用户独立管理，需相关管理员独立邀请。

多租户关系：超级管理员角色可创建/删除全部租户、管理各级租户内的全部权限；多个租户之间完全隔离，包括租户内用户及对应角色等。多租户关系如图 11.3 所示。

图11.3 多租户关系

租户与集群关系：如图11.4所示，数据中台可通过租户机制实现多集群对接。保证一个租户只属于一个集群；多个租户可以共享同一个集群的计算资源；租户之间可通过YARN的队列机制实现资源隔离，如可为租户1分配50%的计算资源，同时可为租户2分配30%的计算资源；采用动态分配机制，如租户1和租户2分别分配了50%、30%的计算资源，当租户1较空闲且租户2较繁忙时，可以突破这一限制，获取更多的资源。当每个租户都较繁忙时，系统将努力保证资源按照此比例进行分配。

图11.4 租户与集群关系

租户与项目关系：数据中台可提供离线计算、实时计算、分析引擎等多个功能模块，均具备项目概念。以离线计算模块为例，每个项目中包含：①相互独立的人员，分为管理员、数据开发等角色；②相互独立的计算任务、脚本、数据源等资源；③相互独立且隔离的数据。每个项目仅属于一个租户；同一个租户内的项目共享本租户的计算资源。

（2）项目级。

整个项目共享统一的数据权限。支持项目级的默认访问证书，在不进行其他配置的情况下，本项目内的用户将使用这个证书执行SQL，所有项目成员共享同样的数据权限。

（3）用户级。

每个用户拥有不同的数据权限。支持用户级的默认访问证书，每个用户均可以配置不同粒度数据权限。

11.2.3.2 授权操作

从授权粒度、授权方式、动态授权三个方面来确定授权操作标准。

（1）授权粒度。Hive 表，支持库、表、字段、行级、udf 函数的数据权限控制，支持 read、write、create、alter 等权限，其中，行级权限仅支持进行类似 where 条件的赋值条件，如 id = 'i001'；可支持对 HDFS 的目录、文件进行权限控制，支持 read、write 权限。

（2）授权方式。支持按照 Allow/Deny（允许/禁止）逻辑赋权。

（3）动态授权。支持通配符，动态地批量配置授权库/表，例如，以 ods 开头的表，可配置为 ods_*；当后续新建、删除 ods 开头的表，将按规则自动赋权，无须手动修改。

基于不同数据的使用情况，采用不同数据权限管理机制，如图 11.5 所示。

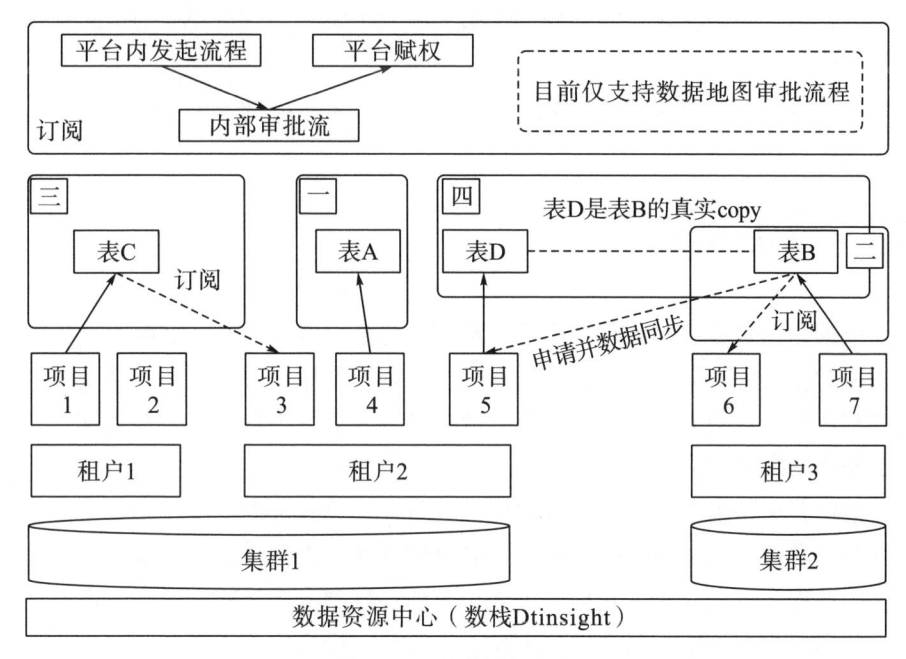

图 11.5　数据授权流程

模式一（表 A）：同项目内数据权限管理。在平台内申请，项目管理员审批后，向使用人员开放权限。

模式二（表 B）：同租户跨项目数据权限管理。项目管理员向租户管理员申请，审批同意后，租户管理员向项目开放权限，允许添加数据源；项目管理员引入数据源。

模式三（表 C）：同集群下跨租户数据权限管理。租户 1 向租户 2 申请数据源同步申请，租户 2 同意后，授权租户 1 管理员引入数据源；租户 1 向表 C 所在项目开放权限。

模式四（表 D）：跨集群数据权限管理。租户 2 向租户 3 申请数据源同步申请，租户 2 同意后，授权租户 2 管理员引入数据源，同步数据库；租户 2 向表 D 所在项目开放权限。

11.2.4　数据服务安全

数据服务安全主要进行四个方面的安全限制。

（1）API 双加密调用方式。支持固定 Token、动态 AK/SK 两种不同级别的加密方式调用 API。

（2）用户调用次数、调用周期限制。支持针对某用户对某 API 的调用次数、调用周期进行限制。

（3）黑白名单 IP 限制。API 访问支持 IP 限制，可设置黑、白名单。

（4）行级权限。

11.2.5　数据分级分类

数据分级是指按照公共数据遭到破坏（包括攻击、泄露、篡改、非法使用等）后对受侵害客体合法权益（国家安全、社会秩序、公共利益以及公民、法人和其他组织）的危害程度，对公共数据进行定级，为数据全生命周期管理进行的安全策略制定。

数据分类是指根据组织数据的属性或特征，将其按照一定原则和方法进行区分与归类，并建立一定的分类体系和排列顺序，以便更好地管理和使用组织数据的过程。数据分类是数据保护工作中的关键部分，是建立统一、准确、完善的数据架构的基础，是实现集中化、专业化、标准化数据管理的基础。

分别制定《数据资产管理总则》《数据资产分类标准》和《数据资产分级标准》，贯穿数据全生命周期，协助学校制定正确的安全策略，采取有效的数据防护措施，不断提高数据安全水平，实现治理全面合规。

11.2.5.1　数据分类

结合学校教育教学场景和数据特性，将数据资产按照数据来源、服务对象、系统功能进行划分，建立数据资产分类标准。采用树形体系，从数据大类层层细分，例如，学生管理类数据可继续分为若干层级，本科学生基本数据子类、政治面貌子类、荣誉表彰子类等，最终粒度细化到字段级别，依据字段来源与应用场景进行数据分类管理，分类体系满足管理和安全控制的实际需要。

如图 11.6 所示，依据《数据资产分类标准》建立数据资产分类树，规范化管理学校数据。

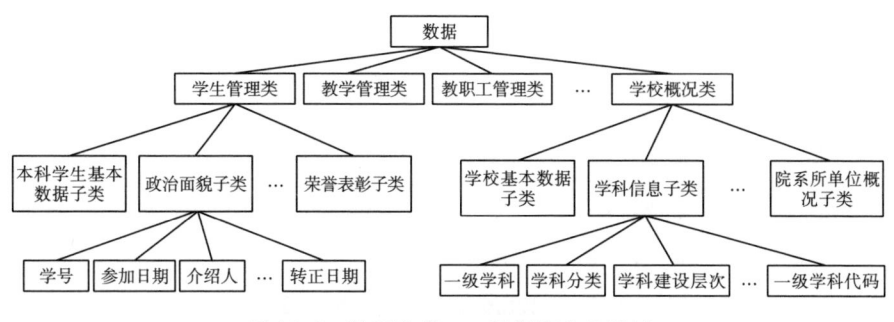

图 11.6　数据分类——数据资产分类树

11.2.5.2　数据分级

经过数据资产的梳理，对学校数据进行盘点、梳理与分类，统一数据格式，形成规范化的数据资产清单。结合学校教育教学和校园管理的场景特性，明确数据定级颗粒度，识别数据安全定级关键要素，对学校数据进行标准化分级管理，依据学校数据权限控制的粒度需求，标识为公开级、校内公开级和隐私级。根据数据敏感度，公开级数据有学校地址、学校邮编、单位名称等；校内公开级数据有学生基本信息、教师基本信息、课程信息等；隐私级数据有机密文件、内部公文。对学校数据进行数据安全级别判定和复核，根据分级形成不同安全级别的数据清单，最终确定数据安全级别的认定。当数据发生变化时，需要重新进行级别评定。如图 11.7 所示，对学校数据进行不同级别的管理。

图 11.7　数据级别管理

数据分级的配置需要先设定归属于某一级别的规则，规则内包含不同数据域下的多个字段，例如，图11.8中学校名称、学校"211"工程状况都配置为公开级的学校基础信息。

图11.8　数据分级配置——配置规则

如图11.9所示，对学校数据进行分级配置，依据不同的安全级别管理数据字段，更好地做到数据安全防护。

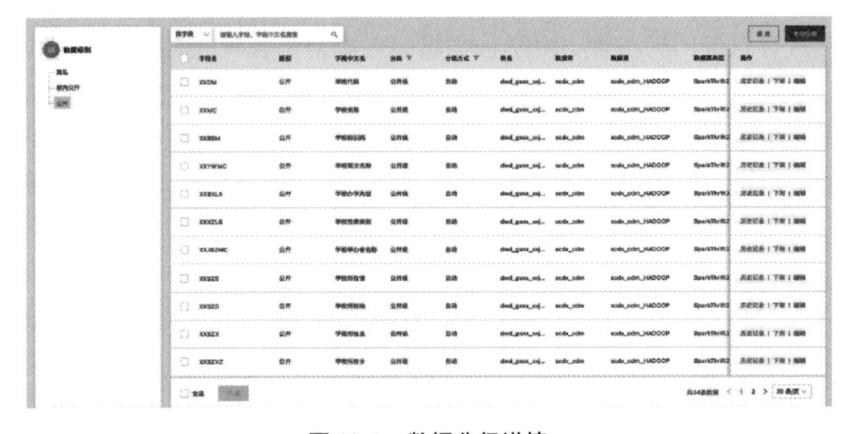

图11.9　数据分级详情

《数据资产管理总则》如下：

第一条　为加强学校数据资产管理，保障学校数据安全，推进全校数据的规范管理、互联互通和开放共享，更好地服务学校"双一流"建设，依据《中华人民共和国网络安全法》《教育部机关及直属事业单位教育数据管理办法》《教育信息化2.0行动计划》等相关法律法规及国家政策，特制定本标准作为全校数据资产分级分类管理的标准和依据。

第 11 章　数据安全管理

第二条　本标准所称数据资产，是指各单位在教学、科研、人事、行政、党务、财务、物资、工会等领域，通过业务管理信息系统（以下简称信息系统）在使用和管理过程中形成的数据资源。

第三条　数据资产分级分类的原则，应遵循由学校数据资产管理单位（信息化建设与管理办公室）统筹协调，具体落实数据资产的分级管理办法；由数据源管理单位落实主体责任，具体执行数据资产分类管理。

第四条　数据源管理单位所拥有的数据资产，均需按本标准实施分级分类管理，并报学校数据资产管理单位备案。使用和管理数据资产的单位均应遵守本标准，不得擅自变更数据资产的分级分类标准。

《数据资产分类标准》如下：

第一条　数据资产按照其数据来源、服务对象、系统功能，划分为学生管理、教学管理、教职工管理、科研管理、财务管理、外事管理、资产与设备管理、学校概况八个数据分类类别；分类精度为字段级别，即按照字段的来源与应用场景，划分其类别属性。

第二条　学生管理类：包含学生基础个人信息、日常生活、德育管理、校园活动、心理健康教育、创新创业管理、毕业就业等涉及在籍学生日常管理的字段，应划为学生管理类。

第三条　教学管理类：包含学校教师教学工作规范化流程、教学日程调度、教学内容编制、学生学籍管理、教学档案与监督管理等涉及教学管理类的字段，应划为教学管理类。

第四条　教职工管理：包含教职工基础人事信息、职称评审、聘期管理、教职工档案管理、工作业务管理等涉及教职工管理类的字段，应划为教职工管理类。

第五条　科研管理：包含科研运行中产生的实验原始数据、实验分析数据、针对特定科研活动的运行管理、知识创新、科研成果转化与管理等涉及科研管理类的字段，应划为科研管理类。

第六条　财务管理：包含学校或校内法人实体的财务类管理、预决算等字段，应划为财务管理类。

第七条　外事管理：学校外事管理部门的各类管理系统所产生的字段，除基本个人信息与教职工管理类字段有重复的之外，均划为外事管理类。

第八条　资产与设备管理：包含学校固定资产与非固定资产管理、运转，实验设备管理（非生产数据）等涉及资产与设备管理的字段，应划为资产与设备管理类。

第九条　学校概况：包含学校基本校情数据采集、产生、分析等功能的业务系统所产生的字段、需上报教育部的学校各类基本校情数据字段、"双一流"评审上报数据字段、学校对外公开展示的网站、系统等涉及学校基本概况的数据字段，应划为学校概况类。

《数据资产分级标准》如下：

第一条　数据资产分级标准，按照以下标准进行分级管理：

第二条　公开级：可完全对外公开的数据字段，定义为公开级；

第三条　校内公开级：仅限于校内各业务系统按需求进行申请方可获得的数据字段，定义为校内公开级；

第四条　隐私级：仅限于数据来源单位使用或认为不宜对校内单位公开的数据字段，定义为隐私级。

第五条　定义为公开级的数据字段，校内外单位均可向学校数据资产管理单位（信息化建设与管理办公室）申请获得；定义为校内公开级的数据字段，仅限校内单位向学校数据资产管理单位和数据源管理单位同时申请获得；定义为隐私级的数据字段，不得对外开放申请，仅限学校数据资产管理单位留存和数据源管理单位使用。

11.3　安全审计

（1）审计日志汇聚与管理。

如图 11.10 所示，对用户的关键动作进行自动化统一汇聚，例如，登录、创建任务、提交任务、数据查询等；对数据访问（表）自动记录原始执行 SQL、变更语句；后台日志的保存周期可配置。

· 第 11 章　数据安全管理 ·

图 11.10　审计日记汇聚与管理

（2）审计日志查看。

如图 11.11 所示，审计日志只提供查询功能，无法进行删除或编辑；支持按照所属产品、操作用户、操作时间段进行细致筛选；对 SQL 查询类操作，可支持按照操作用户、操作时间段、变更语句关键词进行搜索。

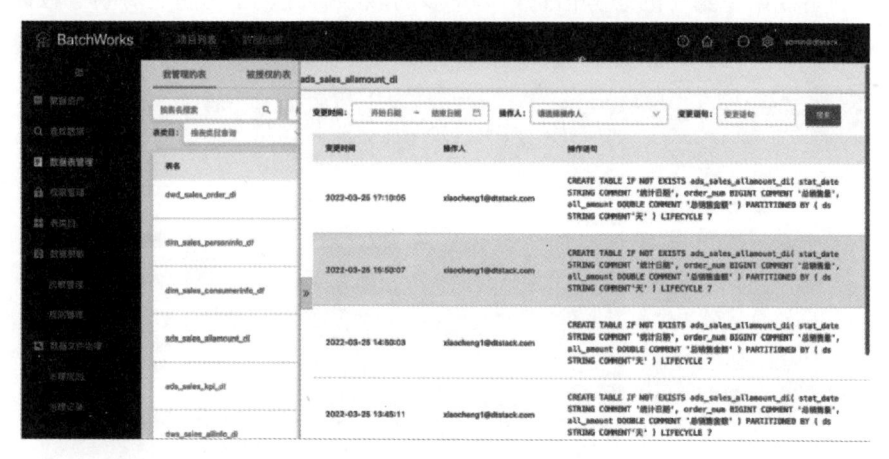

图 11.11　审计日志查看

第 12 章 数据可视化

数据可视化是将抽象概念进行形象表达，将抽象语言进行具象图形可视的过程，通过可视的、交互的方式展示相对晦涩的数据，形象、直观地表达数据蕴含的信息和规律。

数据可视化是智慧教育的一种新型数据呈现方式，以"一图胜千言"的方式呈现数据信息。如图 12.1 所示，采用有效的分析手段，将大量抽象信息组织在一起，形象生动地展示学校数字信息全貌，包括基本校情、人才培养、校园管理、学科状态、网络舆情等多方面信息，提高理解和分析学校数据的速度，洞察数据中隐含的态势信息，进一步为教学研究、学习行为分析、校园管理、领导决策等提供帮助。

图 12.1 "数说川大"界面

· 第 12 章　数据可视化 ·

12.1　基本校情

基本校情包括学生画像、教师画像、学生政治面貌、新生分析和数据资产五个板块，具有本校组织架构概况，汇集所有学院、机关部处、业务部门和研究所的人员信息。如图 12.2 所示，组织机构分为本科生、研究生、教职工、合同制、退休人员五类群体。

图 12.2　组织机构界面

12.1.1　学生画像

学生画像展示校内各数据源传递的学生信息，对学生的个人信息、学籍信息、生源信息和学费缴纳情况进行概述，深度刻画学生在学业表现、校园生活、第二课堂和图书借阅四个方面的情况，便于学生自我了解、教师教学研究、教务个性化管理。针对不同的展示视角进一步细化：在学业表现板块展示本学期课表、课程成绩、学习进度及专业排名等信息，如图 12.3 所示；在校园生活板块展示进出校统计、常去食堂、就餐时间、三餐平均消费等信息，如图 12.4 所示；在第二课堂板块展示学生参与的学院主题团日活动、党日活动、运动会等信息，如图 12.5 所示；在图书借阅板块展示最受欢迎图书（30 天榜）、近 30 天学院借书、近 30 天借书、近一年借阅情况等信息，如图 12.6 所示。四个板块全面地呈现了学生个人学习、党建活动、校园生活等情况,形成了完整的学生画像。

图 12.3　学业表现界面

图 12.4　校园生活界面

·第 12 章 数据可视化·

图 12.5 第二课堂界面

图 12.6 图书借阅界面

12.1.2 教师画像

教师画像展示校内各数据源传递的教师信息，对教师的个人信息、专利及获奖情况进行概述，并深度刻画教师在论文、项目两个方面的情况，便于教师自我了解，明确个人发展状况。针对不同的展示视角进一步细化：在论文板块展示教师发表论文的基本信息、期刊分布、论文年度分布等，如图 12.7 所示；

171

·教育数字化转型研究与实践·

在项目板块展示教师参与项目的基本信息、项目分类、项目年度分布等，如图12.8所示。两个板块全面地呈现了教师职业发展、研究内容、科研成果等情况，形成了完整的教师画像。

图 12.7　论文界面

图 12.8　项目界面

12.1.3 学生政治面貌

学生政治面貌展示校内所有学生的政治面貌信息，对中共党员、其他政治面貌的分布情况进行概述，并深入细化到学制、年级、学院、地区等方面，便于思政管理和马克思主义的深入发展。通过多种可视化表达形式，直观地展示不同维度下学生政治面貌的分布情况，如图 12.9 所示。

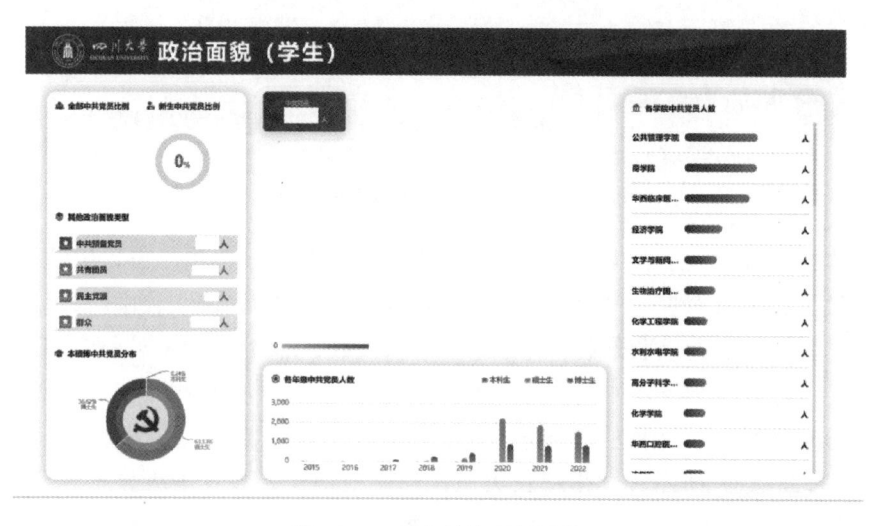

图 12.9　学生政治面貌界面

12.1.4　新生分析

新生分析展示校内新一届本科生、研究生大数据，分别分析本届招生的招生人数、男女比例、本科投档专业及学院、研究生生源等信息，生动体现本届学生的整体概况，并与往届数据进行对比，描绘教育发展局部的动态趋势，以便学校形成教育数据分析，如图 12.10 所示。新生大数据再深度划分为本科生、研究生两个部分进行细粒度展示。

图 12.10 新生大数据界面

　　本科生板块展示新生人数、地区分布、性别分布、出生年份、生源类型、少数民族、政治面貌、户籍、疫苗接种等基本信息分析结果，如图 12.11（a）所示；各类高考卷录取分数、各地中学录取人数、部分省市中学录取人数排名等生源信息分析结果，如图 12.11（b）所示；学院录取人数分布、各省录取最高分学生所在学院及专业分布、各专业录取人数排名等录取信息分析结果，如图 12.11（c）所示；学生特长类型、各类型特长人数及等级分布等新生特长分析结果，如图 12.11（d）所示。根据不同的划分维度，多样化呈现新生大数据，为招生工作助力，方便教学管理。

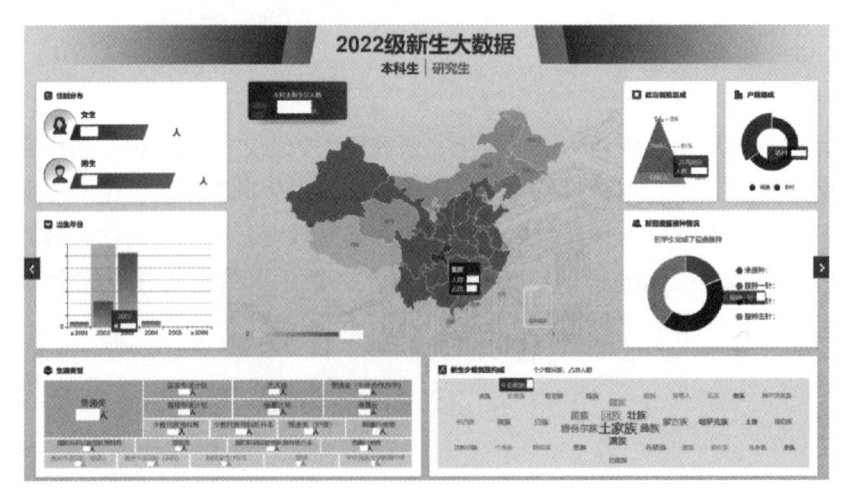

（a）

· 第 12 章　数据可视化 ·

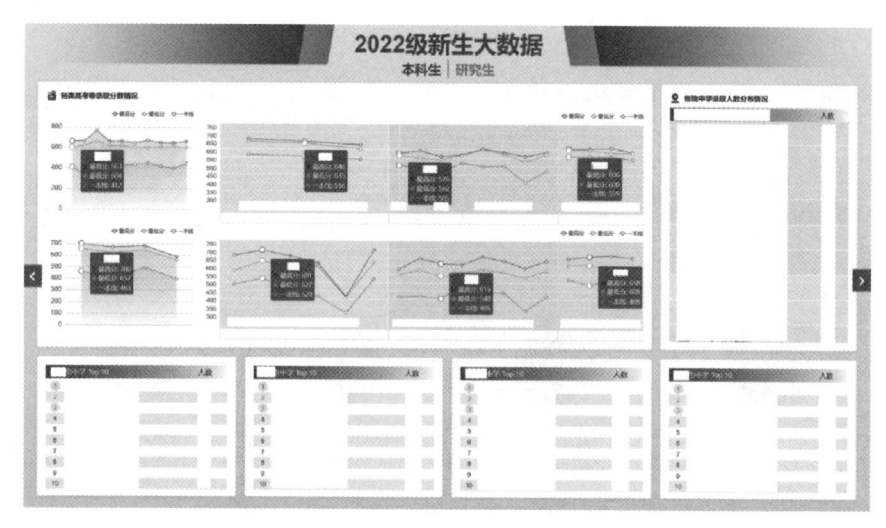

(b)

(c)

175

(d)

图 12.11　本科生界面

研究生由硕士研究生、博士研究生两个部分组成，展示新生生源类型统计、性别比例、年龄分布、少数民族、政治面貌、新冠疫苗接种等基本信息分析结果，如图 12.12（a）所示；录取类别、入学方式、考生来源、考项计划等生源信息分析结果；各学院录取情况、一流高校及学科生源情况等录取信息分析结果，如图 12.12（b）所示。结合研究生阶段的招生特性，划分不同的分析维度，多样化体现新一届研究生大数据，助力学校推进高等素质人才培养。

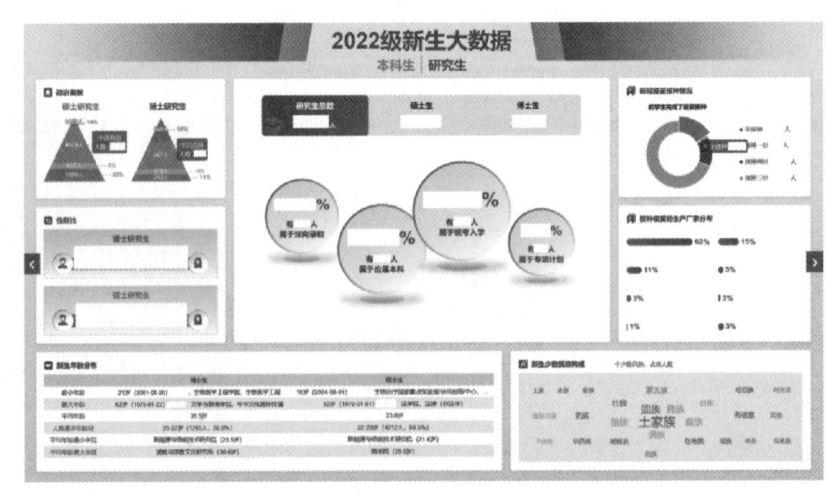

(a)

·第 12 章 数据可视化·

(b)

图 12.12　研究生界面

12.1.5　数据资产

数据资产展示校内各业务系统的数据资产信息，对接入数据源的业务系统、提供数据支持的业务系统情况进行概述，进一步呈现各业务系统之间数据资产的转换，便于数据资产的管理和数据脉络的呈现，如图 12.13 所示。全面展现以数据中台为中转的数据输送线路，构建完整的数据资产地图。

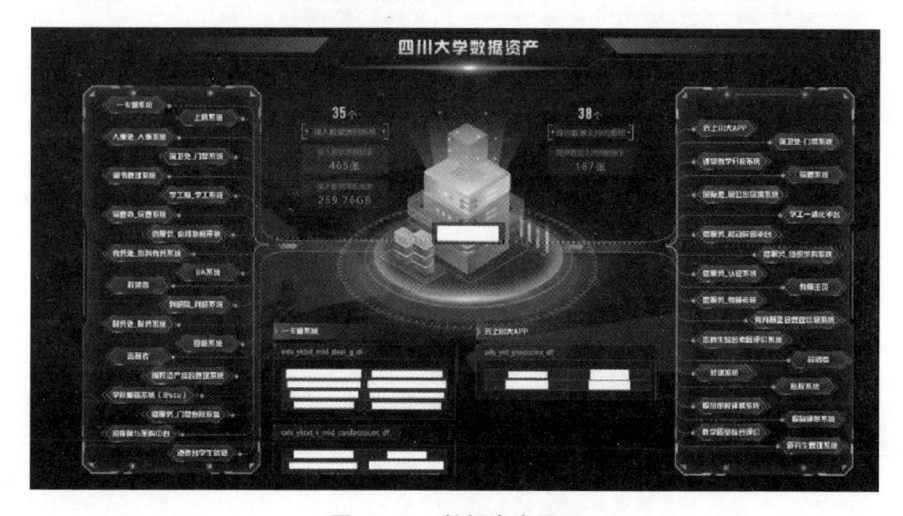

图 12.13　数据资产界面

177

12.2 人才培养

人才培养包括本科教学运行、大川学堂、督导大屏、学籍异动四个板块。

12.2.1 本科教学运行

本科教学运行展示本学期本科生教学的开课情况、课程类型占比、选课人数、教师教学工作情况、学生学习情况、教师与学生的课时量排行等信息，如图 12.14 所示。细粒度展示本科生教学中当日、本学期各学院、各课程的教学数据，对开课课程进行校区、学院、课程类型的划分，并对课程选课人数进行排名，以体现课程规模；统计教授上课比例、不同年龄和不同职称教师的平均工作量，对教师上课课时进行排名，以体现教师教学工作情况；统计当日、本学期各学院、各节次上课学生人数，对学生上课课时进行排名，以体现不同时段学生学习情况。多方面呈现本科教学数据，为教学管理提供依据。

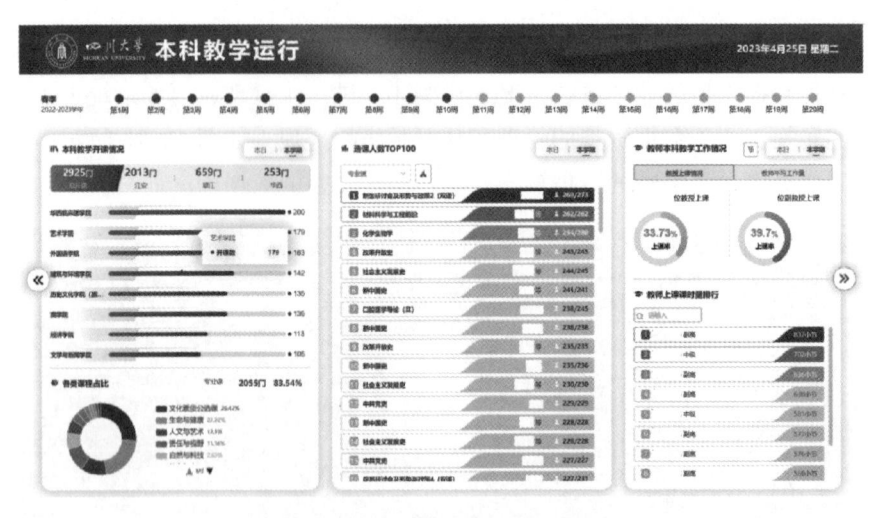

图 12.14 本科教学运行界面

12.2.2 大川学堂

大川学堂展示平台的课程资源总量、资源来源分布、资源使用情况、资源入库情况等信息，如图12.15所示。分板块展示教学资源来源情况及相关占比，包括录播入库、个人上传、JOVE合成和片段合成等；教学资源的空间使用情况；教学资源入库情况，分别以周、月和学期为粒度汇总入库量的变化；教学资源的学院使用情况，包括录播资源数量、课堂回看数量和线上课程数量等。综合展示本校线上教学情况，客观、实时地为教学管理提供支撑。

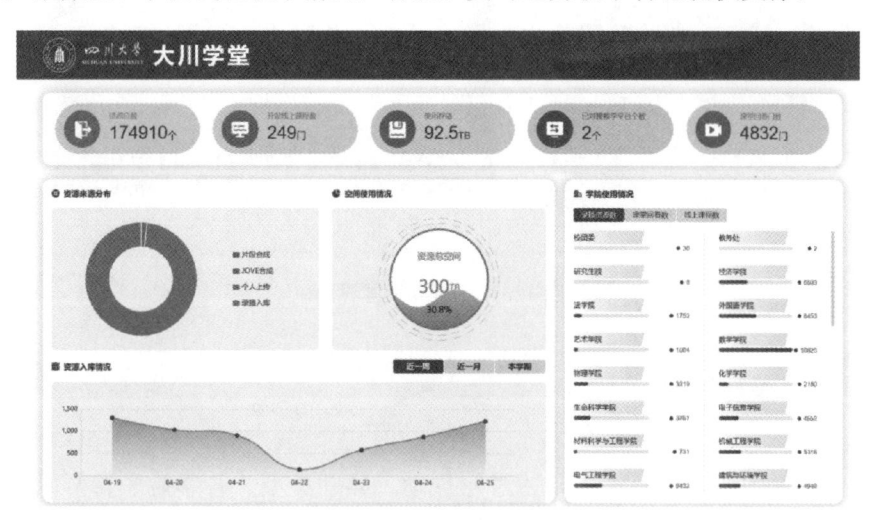

图 12.15　大川学堂界面

12.2.3　督导大屏

督导大屏展示各校区各教学楼、实验室、体育场、虚拟考试、创意工坊的实时影像，如图12.16所示。为教学管理、教学考核、学生活动观测、实验监管等提供技术支持和条件保障。

图 12.16　督导大屏界面

12.2.4　学籍异动

学籍异动展示本学年本硕博学籍异动、异动类型、各学院学籍异动等信息，如图 12.17 所示。三个部分分别分析本学年各季度本硕博异动人数，直观体现学籍异动波动；各异动类型的人数分布情况，包含转专业、大类分专业、休学、复学、交流等多样化异动类型，为年度教学工作的概括提供依据；各学院本硕博异动人数及异动学生明细，细化展示学生类别、异动类别和异动时间，便于了解学院本学年学生学籍异动总体情况，并对异动学生进行查看。

图 12.17　学籍异动一览界面

12.3 校园管理

校园管理包括国有资产、后勤消费、智慧门禁、校园 GIS、非本校人员和欠费信息六个板块。

12.3.1 国有资产

国有资产展示本校资产概况、资产配置、资产使用、资产处置等信息，如图 12.18 所示。本校资产概况对本校资产总值、人购资产总量、资产占比等进行统计，分别对固定资产、在建工程、单位资产排名等进行说明，分析年度新增资产趋势、各单位资产使用率占比、各年度资产变动趋势。利用各维度的资产情况图表，对校园国有资产进行完整的多样化描绘。

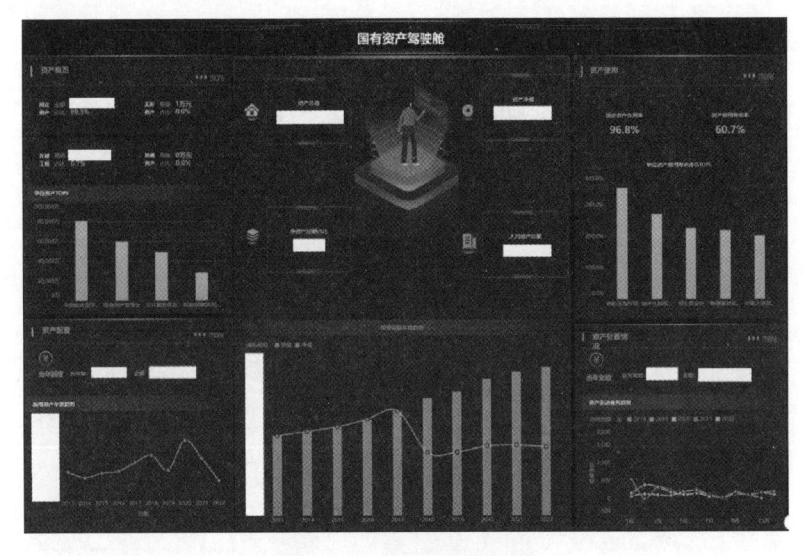

图 12.18 国有资产界面

资产配置依据不同年度对各单位的资产新增趋势、资产人均水平、办公资产配置情况、新增资产使用情况和新增资产使用方向分布进行汇总描述，如图 12.19 所示。细粒度的数据分析及展示，便于单位对资产配置情况已、管理。

·教育数字化转型研究与实践·

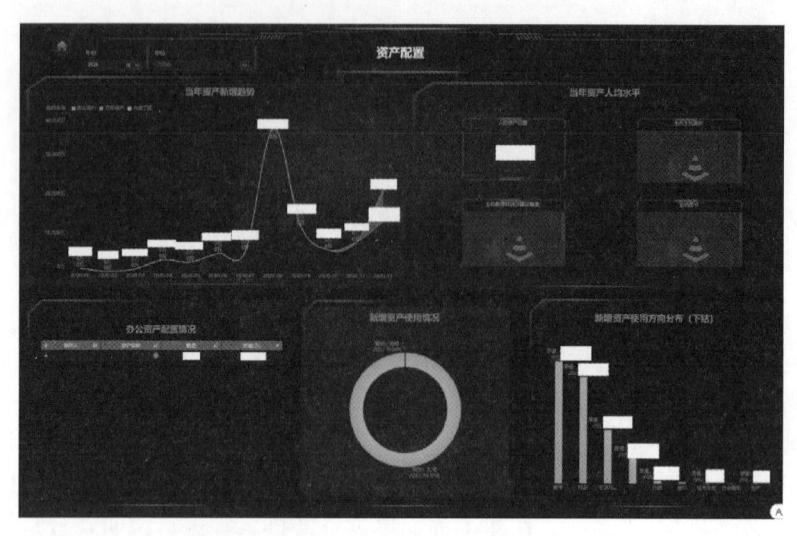

图12.19 资产配置界面

资产使用依据不同年度对各单位的资产利用率、资产使用寿命率、资产使用明细、资产调拨和调入单位详情进行汇总描述，如图12.20所示，便于单位对资产使用情况进行查看、管理。

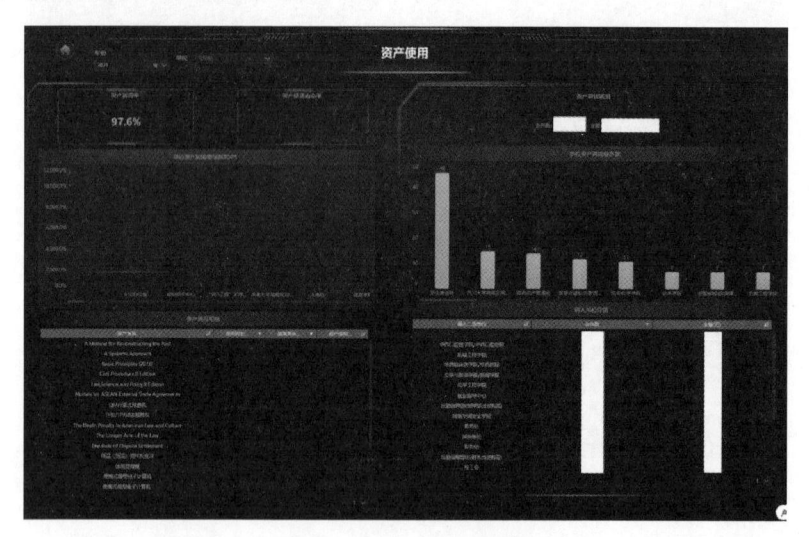

图12.20 资产使用界面

资产处置情况依据不同年度对各单位的资产变动分析、资产处置分析进行汇总描述，如图12.21所示。进一步分析资产变动概览、变动业务趋势、变动详情、处置金额、处置业务年度趋势和新增资产与处置资产趋势等数据信息，便于单位对资产处置情况进行查看、管理。

· 第 12 章　数据可视化 ·

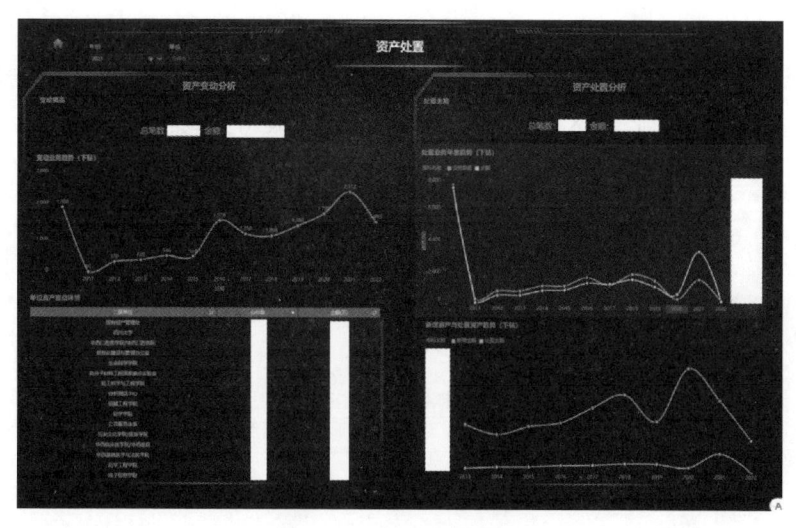

图 12.21　资产处置界面

12.3.2　后勤消费

后勤消费展示本校餐厅消费态势总览及各校区信息，如图 12.22 所示。总览中分板块细化分析各校区教职工、本科和研究生的就餐总人数、消费总额、消费总次数、消费价格区间分布、月消费总金额、近期消费趋势、各时段消费情况、月消费总次数等数据。分析范围可分为本周、本月及本学期，以图表形式直观地展示全校餐厅消费情况。

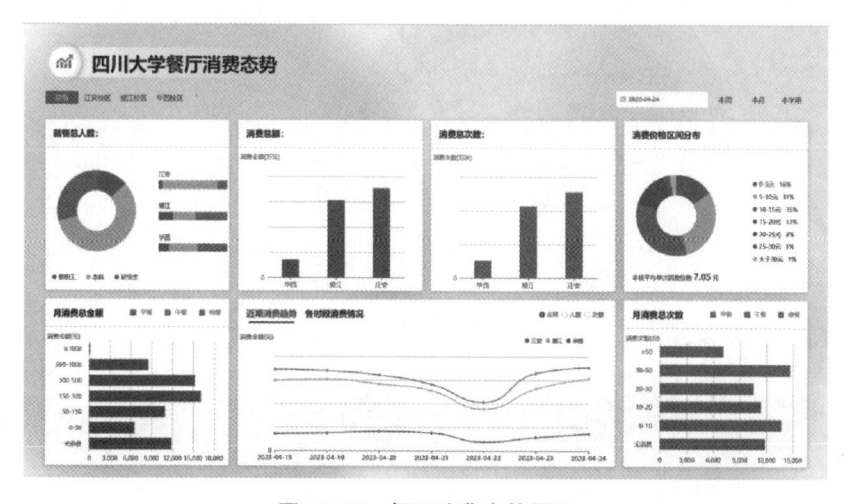

图 12.22　餐厅消费态势界面

校区 1 的餐厅消费态势展示校区 1 共 14 个餐厅食堂的各时段消费情况、消费价格区间分布、各窗口消费情况、近期消费趋势及校区各餐厅消费统计，如图 12.23 所示。各校区的餐厅消费情况可视化展示方式相似。

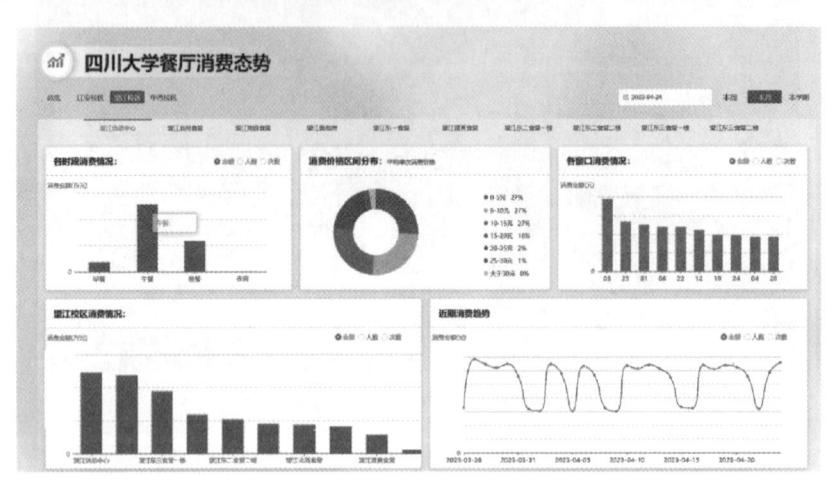

图 12.23　校区 1 餐厅消费态势界面

12.3.3　智慧门禁

智慧门禁展示本校各校区人员及车辆出入数据，如图 12.24 所示。对出入数据进行分析，分别计算校门人流量、时段人流量、人员来访流量、校门车流量、时段车流量和车辆来访流量等，概括性地描述全校每日人员及车辆来访情况。

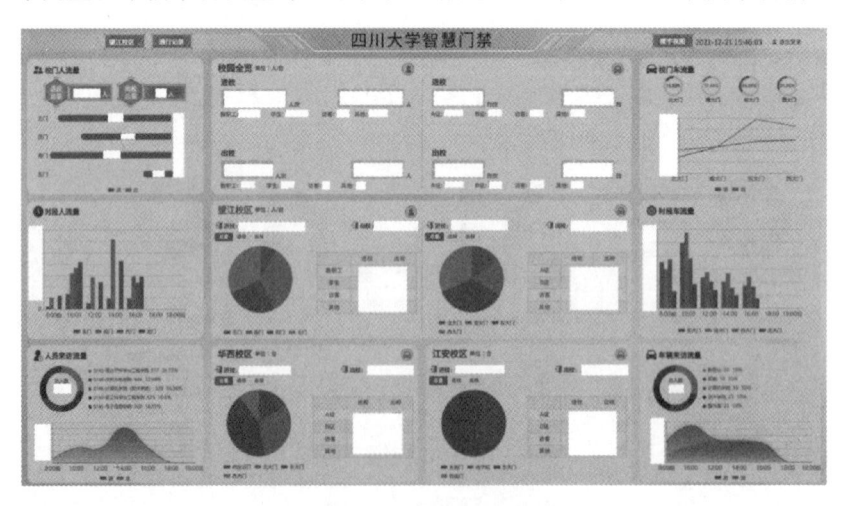

图 12.24　智慧门禁界面

12.3.4 校园 GIS

校园 GIS 提供本校可视化位置服务，如图 12.25 所示。全校师生及外来访客可使用该平台查询校内地址、前往路线及校园航拍等。

图 12.25 校园 GIS 界面

12.3.5 非本校人员

非本校人员展示人员信息中所有非本校数据来源，如图 12.26 所示。统计截至当前时间非本校人员信息的来源情况，包括党政办审核的附小家长、附小教职工，财务处审核的驻校银行人员，离退休处审核的老年大学非本校学员，基建处审核的基建处施工建设项目人员，社区建设办公室审核的售房区居住人员，后勤保障部审核的后保部外包公司人员、幼儿园家长、合作单位人员、后保部施工建设项目人员和非售房区居住人员，产业集团审核的入驻公司和商铺人员等。该板块将详细展示各单位非本校人员审核进度，细化到每个人的申请时间、审核状态等。

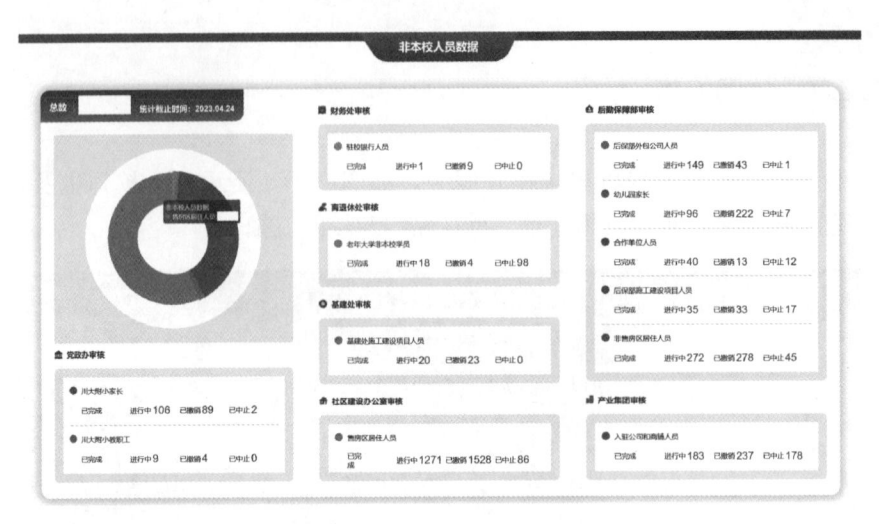

图 12.26　非本校人员数据界面

12.3.6　欠费信息

欠费信息统计全校欠费情况、学生欠费情况及各学院欠费情况，如图 12.27 所示。集中体现校级、院级、个人等多维度未缴纳学费或住宿费。

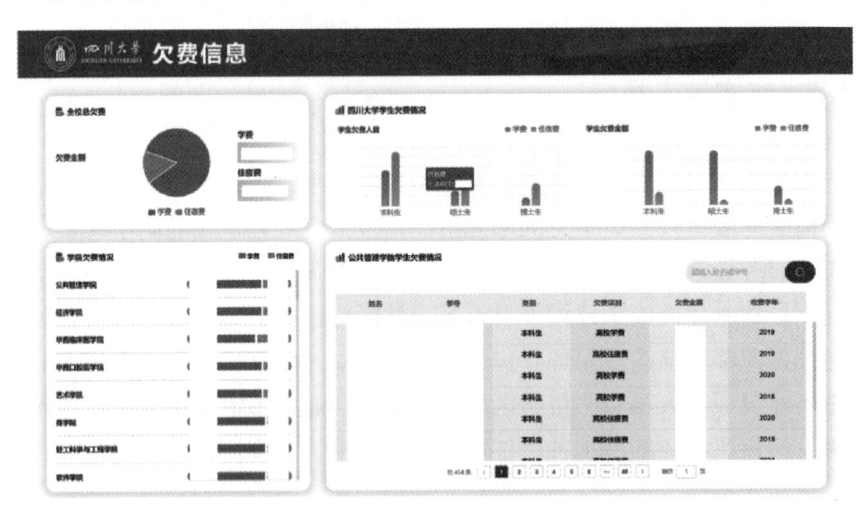

图 12.27　欠费信息界面

12.4 学科状态

学科状态展示本校文科、理科、工科、医科各学院的学科评估及排名情况，如图 12.28 所示。分别展现一级学科、专业学位类别及双一流建设学科的来源情况。

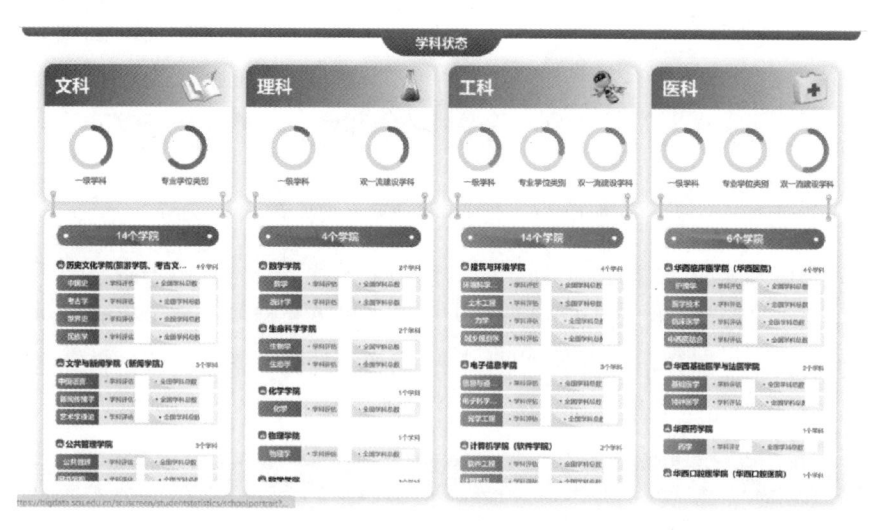

图 12.28 学科状态界面

结合相关数据，针对各学院构建学院画像，包括师资队伍、人才培养和科研信息三大板块。下面以化学学院为例进行说明。

师资队伍如图 12.29 所示，该板块分别展示学院教师岗位类型比例，高层次人才和青年教师占比，教师职称、年龄、性别分布情况，学院的学缘关系，高层次人才，可以全面展示学院的师资力量。

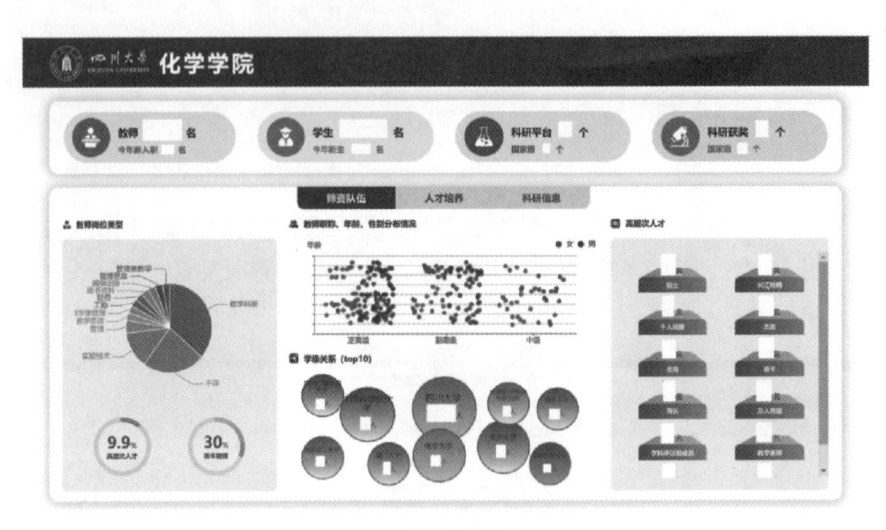

图 12.29　化学学院师资队伍界面

人才培养界面如图 12.30 所示，分别展示学院本科生、硕士研究生、博士研究生三个学段的分布情况，各年级本硕博学生人数情况，硕士研究生与博士研究生的新生生源分布（包括"双一流"高校、一流大学和一流学科等不同来源），本科生新生生源地分布。该板块详细地描绘了学院人才培养概况。

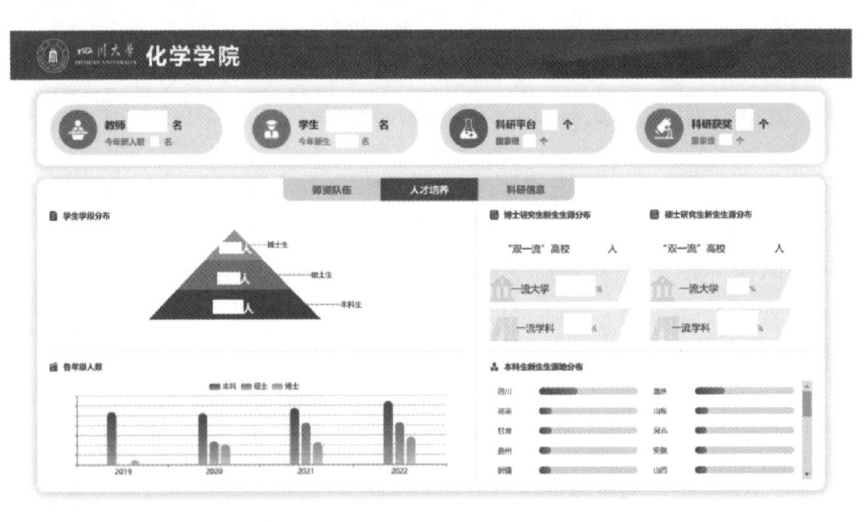

图 12.30　化学学院人才培养界面

科研信息如图 12.31 所示。从科研平台、科研获奖和科研项目三个方面来展示学院的科研能力。统计学院具备的所有高级实验室、研究中心、基地及创新中心，获得的所有科研类奖项，以及申请的所有科研项目及经费。

·第 12 章　数据可视化·

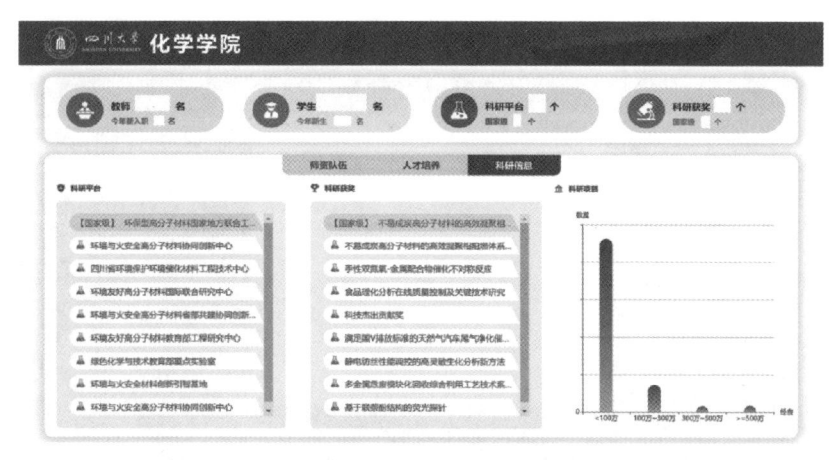

图 12.31　"数说川大"——学院画像（科研信息）

12.5　网络舆情

网络舆情汇总与本校相关的所有网络媒体资讯，如图 12.32 所示。舆情大数据分为九个板块：舆情总览、川大关键词、川大热榜、川大聚焦（负面报道）、川大聚焦（社会议题）、媒体看川大、川大视界、川大之声、兄弟院校。

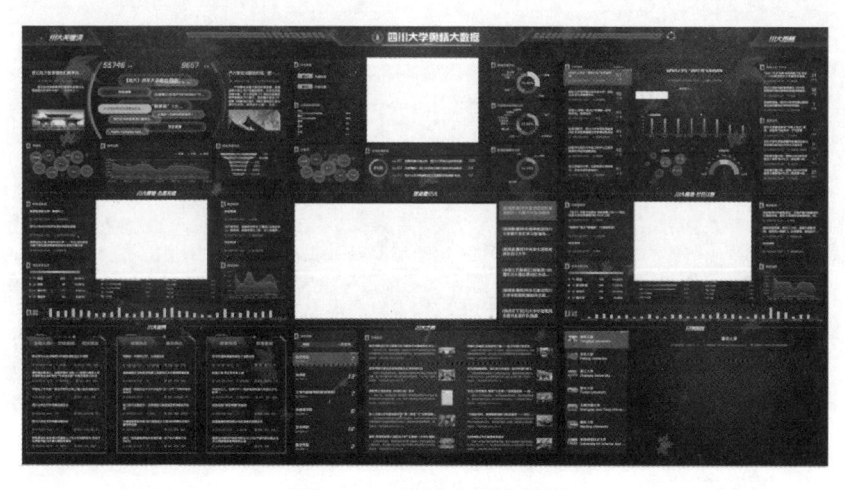

图 12.32　舆情大数据界面

舆情总览界面如图 12.33 所示。汇总展示川大聚焦、分级媒体新闻数量、关键词、本周热度新闻、新闻来源分类、活跃媒体新闻数比例、新闻敏感属性

189

比例及本周新闻在全国各地区的分布情况。

图 12.33　舆情总览界面

川大关键词界面如图 12.34 所示。详细展示与本校相关的舆情指数、信息来源占比及近日新闻详情。

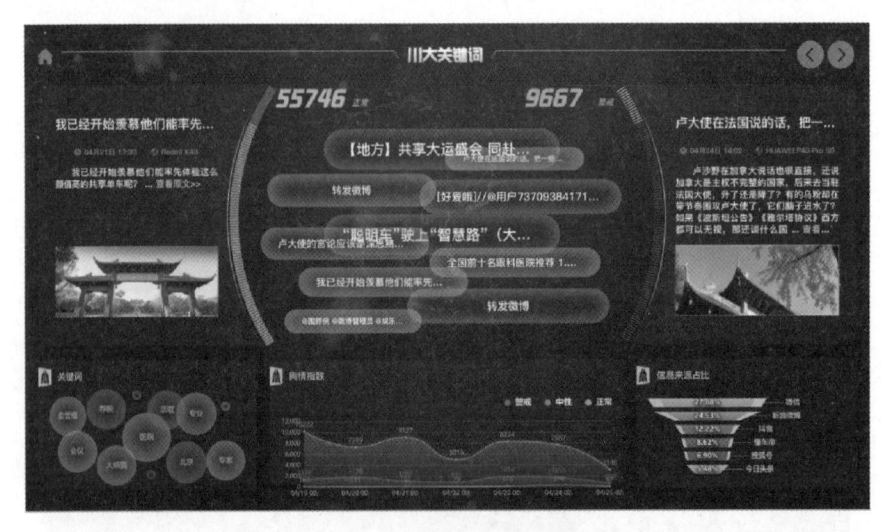

图 12.34　川大关键词界面

川大热榜界面如图 12.35 所示。以热榜形式展示与本校相关的实时热点、热度上升 TOP3、最新分布等新闻内容，并在中心窗口轮播热点资讯。

·第12章 数据可视化·

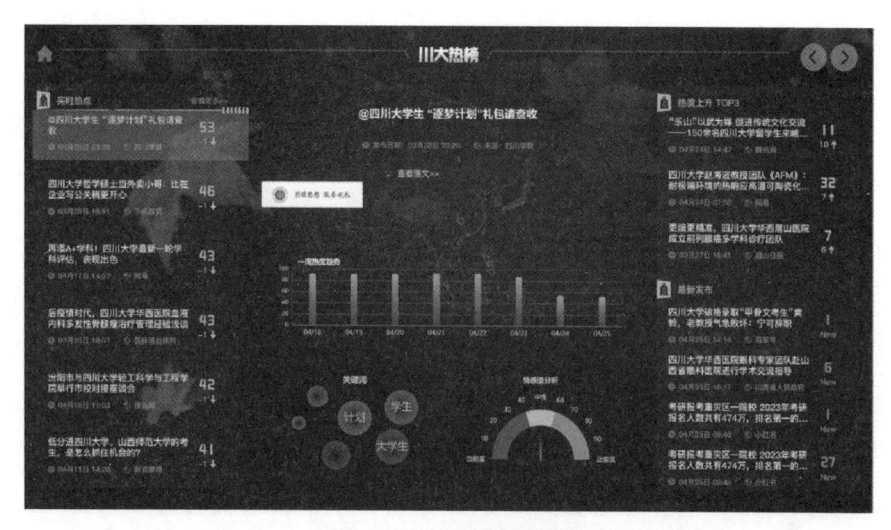

图12.35 川大热榜界面

川大聚焦（负面报道）界面如图12.36所示。分别从信息敏感度、信息活跃分布、信息来源占比、舆情指数及热度趋势等方面来展示相关负面信息。

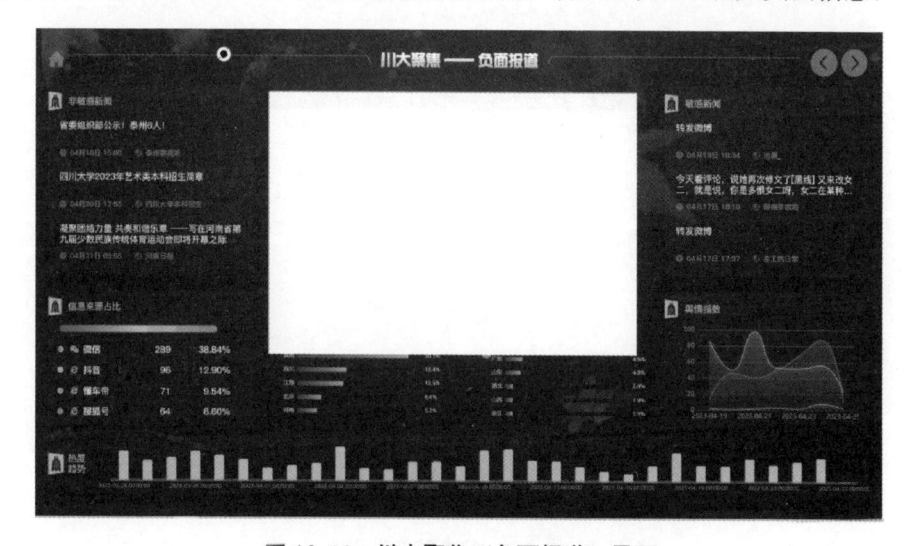

图12.36 川大聚焦（负面报道）界面

川大聚焦（社会议题）界面如图12.37所示。展示最新社会资讯。

191

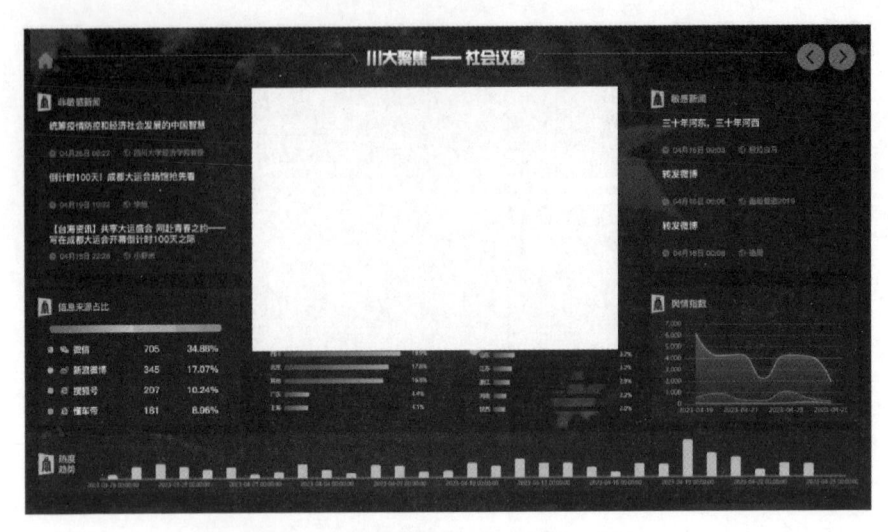

图 12.37　川大聚焦（社会议题）界面

媒体看川大界面如图 12.38 所示。展示与本校相关的媒体视频，并保持媒体资源的实时性。

图 12.38　媒体看川大界面

川大视界界面如图 12.39 所示。聚焦本校人物、学院新闻、招生就业、地域热点、高校热点、教育政策及教育要闻等，各维度展示最新媒体资讯。

· 第 12 章 数据可视化 ·

图 12.39 川大视界界面

川大之声界面如图 12.40 所示。依次展示各学院新闻，并对近一个月的学院新闻发布数量进行排名。

图 12.40 川大之声界面

兄弟院校界面如图 12.41 所示。分别展示清华大学、北京大学、浙江大学、复旦大学、上海交通大学、南京大学、中国科学技术大学、中国人民大学等众多兄弟高校的新闻资讯。

·教育数字化转型研究与实践·

图 12.41 兄弟院校界面

第 13 章 自动化办公

网上办事大厅作为一站式服务平台，自建设以来已集成 43 个校内业务系统，包括财务管理系统、智慧资产、科研院系统、因公出国（境）系统等；共集成 OA 应用 161 个，为超 20 个单位部处开放快捷服务，包括组织部、学工部、党政办、人事处等；已定制、开发 OA 业务流程模板 502 个，其中公文模板约 100 个，为广大教职工和二级单位提供了多类线上定制业务流程；用户群体已全面覆盖校内师生，累计实际使用用户 111708 人，平均日活 1600 余人。

网上办事大厅与数据中台联系紧密，以确保各项管理、服务工作正常开展。本章展示网上办事大厅的数据采集板块，主要介绍网上办事大厅从各应用模块、服务接口采集到的数据内容，如从组织架构管理、权限管理等功能模块采集师生基本信息、学校行政组织架构等数据；数据服务板块，主要介绍以数据中台为核心、网上办事大厅为来源提供的数据服务功能，包括校园一卡通申办、学生画像可视化、工会提案审批等，以数据中台资源为源头、以网上办事大厅为出口的数据服务应用，为校园管理提供有效助力，如组织部挂职信息管理等。

13.1 数据采集

网上办事大厅从各应用模块、服务接口采集师生信息，为数据中台提供大量数据资源。下面主要描述网上办事大厅从组织架构管理、权限管理等功能模块，采集师生基本信息、学校行政组织架构等数据的过程。

13.1.1 师生基本信息

以数据中台为核心，以人事系统、学工系统及研究生系统为数据源，网上办事大厅可获取全校师生的基础信息，包括新进学生、教师、员工等，以保持人员信息的实时性和数据的一致性。通过多个定时任务，网上办事大厅可获取人员的编号、姓名、部门、岗位、邮件及手机号等多种数据信息，如图 13.1 所示。网上办事大厅根据全校师生信息构建完整的行政组织架构，以支撑所有线上办公流程。

任务名称	触发时间	下次运行	相关链接	运行类型	是否启用	操作
【定制组织架构同步】同步教师数据	6,12,19(时)0(分)0(秒)	2023-05-22 12:00		单个节点	是	编辑 禁用
【定制组织架构同步】更新人员类型字段	5(时)0(分)0(秒)			单个节点	否	编辑 启用
【定制组织架构同步】同步研究生数据	8(时)30(分)0(秒)			单个节点	否	编辑 启用
【定制组织架构同步】同步学生数据	7(时)0(分)0(秒)			单个节点	否	编辑 启用

图 13.1　人员数据信息

13.1.2　学校行政组织架构

网上办事大厅为全校师生提供线上办公服务，办公流程的流转及权限分配需参照各部处单位、学院的行政组织架构进行制定。为实现线上办公的灵活性和实时性，网上办事大厅已从数据中台获取治理好的组织架构信息，并搭建出组织架构模型，各单位可自行维护本单位部门、岗位和人员信息，如图 13.2 所示。网上办事大厅会定时向数据中台同步相关数据，数据中台进行处理加工，其余各业务系统可共享组织架构信息以建设服务应用。

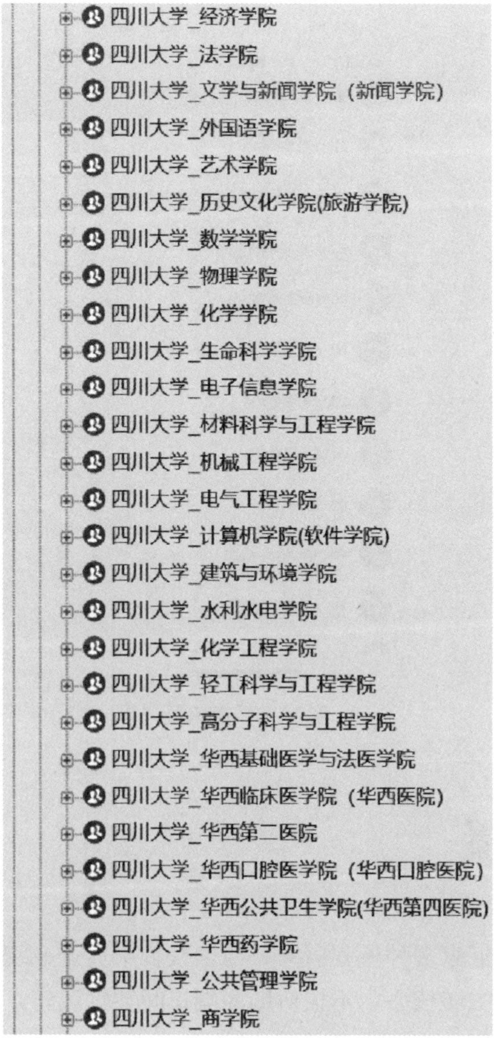

・第13章 自动化办公・

- 四川大学_经济学院
- 四川大学_法学院
- 四川大学_文学与新闻学院（新闻学院）
- 四川大学_外国语学院
- 四川大学_艺术学院
- 四川大学_历史文化学院(旅游学院)
- 四川大学_数学学院
- 四川大学_物理学院
- 四川大学_化学学院
- 四川大学_生命科学学院
- 四川大学_电子信息学院
- 四川大学_材料科学与工程学院
- 四川大学_机械工程学院
- 四川大学_电气工程学院
- 四川大学_计算机学院(软件学院)
- 四川大学_建筑与环境学院
- 四川大学_水利水电学院
- 四川大学_化学工程学院
- 四川大学_轻工科学与工程学院
- 四川大学_高分子科学与工程学院
- 四川大学_华西基础医学与法医学院
- 四川大学_华西临床医学院（华西医院）
- 四川大学_华西第二医院
- 四川大学_华西口腔医学院（华西口腔医院）
- 四川大学_华西公共卫生学院(华西第四医院)
- 四川大学_华西药学院
- 四川大学_公共管理学院
- 四川大学_商学院

图13.2　组织架构信息

当维护部门信息时，可细化到其在群组中的排序、上级部门、部门名称、编号、部门领导、上级领导、在职人数等多项信息；当维护岗位信息时，可细化到其在群组中的排序、所在部门、编号、岗位名称、岗位领导、人员列表等多项信息；当维护人员信息时，可细化到其在群组中的排序、所在部门、编号、姓名、登录名、所属岗位、邮件地址、手机号等多项信息。根据排序号的设置，搭建学校通讯录，方便师生查询相关人员的个人信息，如图13.3所示。

197

图 13.3　通讯录

13.2　数据赋能

　　网上办事大厅汇聚多种流程服务，与学校多个业务系统保持紧密的数据交换，数据中台作为中转核心，不仅协助多端口间数据流转，而且起到了数据加工、处理的重要作用。

　　以网上办事大厅为数据源，在数据中台作用下催生了多种数据服务功能，包括校园一卡通申办、学生画像可视化、工会提案审批等；数据中台利用现有资源赋能网上办事大厅，输出有效的数据服务应用，如组织部挂职信息管理。

13.2.1　校园一卡通申办

　　为协助学校教职工办理校园一卡通，网上办事大厅开放校园一卡通申办模块，如图 13.4 所示。教职工可自行填写相关信息并上传寸照提交申请。

·第 13 章 自动化办公·

图 13.4 校园一卡通申办模块

相关负责部门进行线上审批。申办流程如图 13.5 所示。成功申办后，教职工将收到短信或 App 消息。流程结束后，数据中台将采集表单信息进行治理，由一卡通系统获取此部分数据域自动新增该教职工的校园一卡通数据，形成校园卡线上申办流程应用系统变化的闭环。

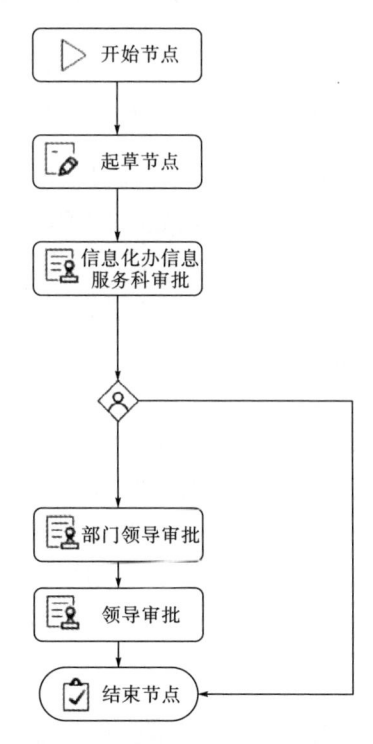

图 13.5 校园一卡通申办流程

199

13.2.2 学生画像可视化

网上办事大厅开放多种学生申请流程模块，如图 13.6 所示。包括学公派出国备案、非国家公派出国备案、线上外事活动备案等，实现学生事务便捷办理。

图 13.6 学生申请流程模块

多种申请流程可生成大量学生信息，通过数据中台的采集、治理、管理，使其成为学生画像的部分数据来源。例如，在籍学生出境情况、因公出国情况的可视化展示。

13.2.3 工会提案审批

网上办事大厅开放工会提案审批模块，以协助校工会完成提案流程。申请人在工会系统中发起提案，经数据中台的处理、中转，将提案信息自动填入工会提案审批表单（图13.7），由多个审批节点处理后汇总生成完整的表单内容，经数据中台的统计、分析，输出至工会系统。整个流程中，数据中台起到了数据传输、校验、汇总的关键作用。工会提案审批流程如图 13.8 所示。

·第 13 章 自动化办公·

图 13.7 工会提案审批表单

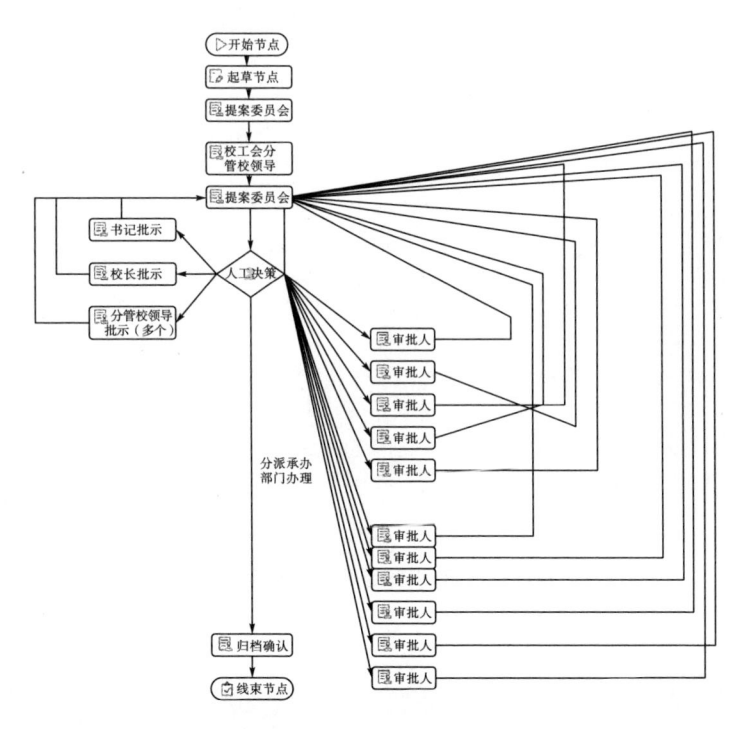

图 13.8 工会提案审批流程图

13.2.4 组织部挂职信息管理

网上办事大厅开放组织部挂职信息管理模块，以协助党委组织部完成干部培养工作。组织部挂职信息管理表单如图 13.9 所示，经数据中台的统计、分析，自动填写表单部分信息，申请人提交表单完成挂职统计，由多个审批节点处理后汇总生成审批单。

图 13.9 组织部挂职信息管理表单

参考文献

[1] 国务院. 国务院关于印发统筹推进世界一流大学和一流学科建设总体方案的通知[EB/OL].[2015-11-05]. http://www.gov.cn/zhengce/content/2015-11/05/content_10269.htm. 2015.

[2] 中华人民共和国教育部. 教育部关于印发《教育信息化 2.0 行动计划》的通知[EB/OL].[2018-04-25]. http://www.moe.gov.cn/srcsite/A16/s3342/201804/t20180425_334188.html. 2018.

[3] 国家市场监督管理总局中国国家标准化管理委员会. 智慧校园总体框架(GB/T36342—2018)[S]. 北京：中国标准出版社，2018.

[4] 新华社. 中共中央办公厅、国务院办公厅印发《加快推进教育现代化实施方案（2018—2022年)》[EB/OL].[2019-02-23]. http://www.gov.cn/xinwen/2019-02/23/content_5367988.htm. 2019.

[5] 国务院. 中共中央、国务院印发《中国教育现代化 2035》[EB/OL].[2019-02-23]. http://www.gov.cn/xinwen/2019-02/23/content_5367987.htm. 2019.

[6] 中华人民共和国教育部. 教育部. 2022年全国教育工作会议召开[EB/OL].[2022-01-18]. http://www.gov.cn/xinwen/2022-01/18/content_5669083.htm. 2022.

[7] 中华人民共和国教育部. 教育部、财政部、国家发展改革委联合召开新一轮"双一流"建设推进会[EB/OL].[2022-04-14]. http://www.moe.gov.cn/jyb_xwfb/gzdt_gzdt/moe_1485/202204/t20220414_617531.html. 2022.

[8] 中华人民共和国国家互联网信息办公室. 2022年中国网络文明大会主论坛在天津举行[EB/OL].[2022-08-28]. http://www.cac.gov.cn/2022-08/28/c_1663329596459952.html. 2022.

[9] 中华人民共和国教育部. 二十国集团教育部长会议举行[EB/OL].[2022-09-01]. http://www.moe.gov.cn/jyb_xwfb/gzdt_gzdt/moe_

1485/202209/t20220901_657245. html. 2022.

[10] 教育部部长怀进鹏在《人民日报》撰文[EB/OL]. [2023-02-20]. https：//m. gmw. cn/baijia/2023-02/20/36378148. html. 2023.

[11] 中华人民共和国教育部. 2023年全国教育工作会议召开[EB/OL]. [2023-01-12]. http：//www. moe. gov. cn/jyb_zzjg/huodong/202301/t20230112_1039188. html. 2023.

[12] 中华人民共和国教育部. 数字变革与教育未来——在世界数字教育大会上的主旨演讲[EB/OL]. [2023-02-13]. http：//www. moe. gov. cn/jyb_xwfb/moe_176/202302/t20230213_1044377. html. 2023.

[13] 中华人民共和国教育部. 教育部部长怀进鹏向第23届中国国际教育年会暨展览全体大会发表视频致辞[EB/OL]. [2023-02-17]. http：//www. moe. gov. cn/jyb_xwfb/gzdt_gzdt/moe_1485/202302/t20230217_1045406. html. 2023.

[14] 李有增，周全，钊剑. 关于高校智慧校园建设的若干思考[J]. 中国电化教育，2018（1）：112-117.

[15] 吴颖骏. 浙江大学：基于"云"的智慧校园[J]. 中国教育网络，2010（11）：25-26.

[16] 宓詠. 智慧校园离不开资源与应用[J]. 中国教育网络，2011（11）：29.

[17] 蒋东兴，付小龙，袁芳，等. 高校智慧校园技术参考模型设计[J]. 中国电化教育，2016（9）：108-114.

[18] 徐青山，张建华，杨立华. 高校智慧校园建设的顶层设计及实践应用——以"智慧北航"为例[J]. 现代教育技术，2016（12）：112-118.

[19] 王燕. 智慧校园建设总体架构模型及典型应用分析[J]. 中国电化教育，2014（9）：90-91.

[20] 王曦. "互联网+智慧校园"的立体架构及应用研究[J]. 中国电化教育，2016（10）：108-109.

[21] 国家市场监督管理总局，中国国家标准化管理委员会. 智慧校园总体框架（GB/T 36342—2018）[S]. 北京：中国标准出版社，2018.

[22] 任友群. 40年教育信息化发展"变与势"[N]. 中国教师报，2018-12-26（4）.

[23] 杨可桢. 机械设计基础[M]. 7版. 北京：高等教育出版社，2020.

[24] KAPLAN J. Artificial intelligence：what everyone needs to know[M]. New York：Oxford University Press，2016.

参考文献

［25］YU B，KUMBIER K. Artificial intelligence and statistics［J］. Frontiers of Information Technology & Electronic Engineering，2018，19（1）：6－9.

［26］MCCARTHY J. What is artificial intelligence［EB/OL］.（2007－11－12）［2022－01－05］. http：//www－formal. stanford. edu/jmc/whatisai/.

［27］GOERTZEL B. Artificial general intelligence［M］. New York：Springer，2007.

［28］BOSTROM N. Are we living in a computer simulation?［J］. The Philosophical Quarterly，2003，53（211）：243－255.

［29］MCKAMEY M. Legal technology：artificial intelligence and the future of law practice［J］. Appeal：Review of Current Law and Law Reform，2017（22）：45.

［30］MACCORDUCK P. Machines who think：a personal inquiry into the history and prospects of artificial intelligence［M］. New York：AK Peters/CRC Press，2009.

［31］中国电子技术标准化研究院.《人工智能标准化白皮书（2018）》［EB/OL］.（2018－01－19）［2022－01－05］. http：//www. cesi. cn/201801/3534. html.

［32］HINTON G E，SALAKHUTDINOV R R. Reducing the dimensionality of data with neural networks［J］. Science，2006，313（5786）：504－507.

［33］谷歌大脑揭秘：48名成员20大研究领域［EB/OL］.（2017－06－28）［2022－01－05］. http：//www. sohu. com/a/152119751_610300.

［34］SINGH S，OKUN A，JACKSON A. Artificial intelligence：learning to play Go from scratch［J］. Nature，2017，550（7676）：336.

［35］谭晓芳，钟章生. 人工智能技术在高校信息化服务中的应用［J］. 产业科技创新，2020，2（6）：67－68.

［36］关于构建更加完善的要素市场化配置体制机制的意见［J］. 中国产经，2020（8）：1－4.

［37］谢朝阳. 大数据：规划、实施、运维［M］. 北京：电子工业出版社，2018.

［38］华为公司数据管理部. 华为数据之道［M］. 北京：机械工业出版社，2020.

［39］顾小清，李世瑾. 人工智能教育大脑：以数据驱动教育治理与教学创新的技术框架［J］. 中国电化教育，2021（1）：80－88.

[40] Gartner. Pace layered application strategy[EB/OL]. [2020-12-1]. https://www.gartner.com/en/information-technology/glossary/pace-lae-red-application-strategy.

[41] 付登波,江敏,任寅姿,等. 数据中台:让数据用起来[M]. 北京:机械工业出版社,2020.

[42] 项阳. 数据中台元年[J]. 中国教育网络,2020,251(1):26-27.

[43] 卜意磊,庞文迪. 基于数据中台的市场监管数据资源中心架构设计[J]. 电子技术与软件工程,2020(9):155-159.

[44] 苏萌,贾喜顺,杜晓梦,等. 数据中台技术相关进展及发展趋势[J]. 数据与计算发展前沿,2019,1(5):116-126.

[45] 邓中华. 大数据大创新:阿里巴巴云上数据中台之道[M]. 北京:电子工业出版社,2018:4-33.

[46] 孙建平. 大数据服务赋能农业银行数字化转型[J]. 农银学刊,2019(2):4-7.

[47] 林鸿,方学民,袁葆,等. 电力物联网多渠道客户服务中台战略研究与设计[J]. 供用电,2019,36(6):39-45.

[48] 韩嬑,展祎萌,李义彪. 电力物联网多渠道客户服务中台战略研究与设计[J]. 现代电视技术,2019(6):90-93.

[49] 毕马威中国大数据团队. 洞见数据价值 大数据挖掘要案纪实[M]. 北京:清华大学出版社,2018.

[50] 华章科技. 一本书讲透数据治理战略、方法、工具与实践[M]. 北京:机械工业出版社,2022.